这个字，
原来是这个
意思 II

你不可不知的
100个最美丽的汉字

许晖 / 著

化学工业出版社·北京

这是一本从汉字字形出发，来研究其词义源流的书。作者精选了100个最美丽的汉字，不仅具体展示了每一个汉字字形的演变，而且由汉字字形入手，详细讲解了与此汉字相关的古代社会的生活形态、日常礼仪和文化常识，以此带领读者回到历史现场，寻找中国文化的根。

图书在版编目（CIP）数据

这个字，原来是这个意思 II：你不可不知的100个最美丽的汉字/许晖著. —北京：化学工业出版社，2013.1（2017.6重印）

ISBN 978-7-122-15780-5

Ⅰ.①这… Ⅱ.①许… Ⅲ.①汉字–字形–研究 Ⅳ.①H123

中国版本图书馆CIP数据核字（2012）第262478号

责任编辑 / 龚风光 胡 波

文字编辑 / 何 丹

装帧设计 / 尹琳琳

责任校对 / 陶燕华

出版发行 / 化学工业出版社（北京市东城区青年湖南街13号 邮政编码100011）

印 装 / 大厂聚鑫印刷有限责任公司

889mm×1194mm 1/20 印张10$\frac{1}{2}$ 字数300千字 2017年6月北京第1版第4次印刷

购书咨询 / 010-64518888（传真：010-64519686）

售后服务 / 010-64518899

网 址 / http://www.cip.com.cn

凡购买本书，如有缺损质量问题，本社销售中心负责调换。

定 价 / 39.80元

女 002	车 004	犬 006	天 008	井 010	见 012	凤 014	父 016	北 018	兄 020
鸟 022	乐 024	外 026	册 028	发 030	圣 032	成 034	达 036	执 038	同 040
曲 042	尘 044	农 046	会 048	舌 050	血 052	庆 054	衣 056	守 058	汤 060
戏 062	异 064	尽 066	买 068	束 070	丽 072	豆 074	报 076	身 078	狂 080
龟 082	角 084	饮 086	弟 088	弃 090	君 092	鸡 094	雨 096	奔 098	取 100
直 102	虎 104	齿 106	兔 108	佩 110	质 112	京 114	实 116	学 118	参 120
春 122	相 124	星 126	保 128	食 130	侯 132	亲 134	首 136	壶 138	获 140
班 142	射 144	徒 146	乘 148	邕 150	造 152	旅 154	疾 156	桑 158	黄 160
得 162	庶 164	敝 166	渔 168	黑 170	遗 172	集 174	御 176	童 178	寒 180
雇 182	寓 184	奠 186	登 188	鼓 190	献 192	虞 194	寝 196	疑 198	彝 200

女 车 犬 天 井 兑 凤 父 北 兄

鸟 乐 外 册 发 圣 成 达 执 同

曲 尘 农 会 舌 血 庆 衣 守 汤

戏 异 尽 买 束 丽 豆 报 身 狂

龟 角 饮 弟 弃 君 鸡 雨 奔 取

直 虎 齿 兔 佩 质 京 实 学 参

春 相 星 保 食 侯 亲 首 壶 获

班 射 徒 乘 邕 造 旅 疾 桑 黄

得 庶 敝 渔 黑 遗 集 御 童 寒

扉 寓 奠 登 鼓 献 虞 寝 疑 彝

兄 北 父 凤 觅 井 天 犬 车 女

同 执 达 成 圣 发 册 外 乐 鸟

汤 守 衣 庆 血 舌 会 农 尘 曲

狂 身 报 豆 丽 束 买 尽 异 戏

取 奔 雨 鸡 君 弃 弟 饮 角 龟

参 学 实 京 质 佩 免 齿 虎 直

获 壶 首 亲 侯 食 保 星 相 春

黄 桑 疾 旅 造 邕 乘 徒 射 班

寒 童 御 集 遗 黑 渔 敝 庶 得

彝 疑 寝 虞 献 鼓 登 奠 寓 雇

女

蚕月条桑，取彼斧斨，以伐远扬，猗彼女桑（《诗经》）

汉字身世小档案

■ 甲骨文字形的"女"就像一个双手相交，面朝左跪着的女人。

■ 严格来说，未嫁之女称作"女"，已嫁之女称作"妇"。

■ 《礼记·内则》规定：生了男孩儿，要在大门左侧挂上一把木弓；生了女孩儿，要在大门右侧挂上一条佩巾。

■ 因为男孩儿和女孩儿体质不同，"女"又引申为"柔弱"之意。

1 甲骨文

2 甲骨文

3 金文

4 金文

5 小篆

"女"这个字的造字形态，历来争议颇多，我们先来看它的字形。

　　女，甲骨文字形❶，这是一个象形字，而且惟妙惟肖，就像一个双手相交，面朝左跪着的女人。甲骨文字形❷，跪姿稍有变化。金文字形❸，面朝右跪着的女人，头上多了一根发簪。金文字形❹，样子更好看，更栩栩如生，头上的发簪仍然在。小篆字形❺，跪姿已经不明显了。楷体字形完全看不出跪着的样子了。

　　《说文解字》："女，妇人也，象形。"其实这是统而言之，严格区分的话，未嫁之女称作"女"，已嫁之女称作"妇"。至于"女"字的造字形态为什么会采取跪姿，段玉裁解释说"象其掩敛自守之状"，意思是一副顺从的样子。这也是大部分学者的看法，即女子跪在男人面前，反映了古代中国男尊女卑的思想。但是未嫁之女称作"女"，既然未嫁，哪里来的男人？在父亲兄弟之间大约用不着如此卑微吧。谷衍奎《汉字源流字典》认为"是上古虏婚习俗的遗迹"，意思是被掳走的女子方才取"柔顺交臂跪坐之形"。日本汉学家白川静先生认为这是女子向神灵跪拜的祈祷之姿。我倒更倾向于从日常生活的角度来理解：古人日常生活多取跪姿，未嫁之女从事家务劳动较多，比如为家人盛饭之类，跪姿应当是常见的形态，因此才有造字形态为跪姿的字形。

　　当然也不可否认，母系氏族社会之后，女子的地位确实比男子较为低下，从《诗经·斯干》一诗中即可看出，诗中吟咏道："乃生男子，载寝之床，载衣之裳，载弄之璋。"生了男孩儿，就让他睡在榻上，给他穿上衣服，让他玩璋这种玉器。因此生男孩儿又称作"弄璋之喜"。"乃生女子，载寝之地，载衣之裼，载弄之瓦。"生了女孩儿，却让她睡在地上，"裼"（tì）是褓褓，把女孩儿包在褓褓里，"瓦"是用瓦所制的纺锤，给女孩儿玩的是纺锤。因此生女孩儿又称作"弄瓦之喜"。

　　《礼记·内则》规定："子生，男子设弧于门左，女子设帨（shuì）于门右。"生了男孩儿，要在大门左侧挂上一把木弓；生了女孩儿，要在大门右侧挂上一条佩巾。这也是因为男孩儿和女孩儿体质不同，因此"女"又引申为柔弱之意。《诗经·七月》一诗中吟咏道："蚕月条桑，取彼斧斨，以伐远扬，猗彼女桑。"夏历三月开始养蚕，故称"蚕月"；"条桑"即采桑；装柄处圆孔的叫斧，方孔的叫"斨"（qiāng）；"远扬"指向上长的长枝条；"猗"（yī）是束成一束采下来；"女桑"即指柔弱的桑树，"俗呼桑树小而条长者为女桑树"。整句话意为用斧子砍伐向上长的长枝条，用手采摘柔弱的桑树的桑叶。

　　值得注意的是"女墙""女儿墙"的称谓，并非另外还有"男墙""男儿墙"，东汉学者刘熙在《释名》一书中解释道："城上垣曰睥睨，言于其孔中睥睨，非常也……亦曰女墙，言其卑小，比之于城，若女子之于丈夫也。""睥睨"（pì nì）乃窥伺之态，以之形容城墙上面用来窥探敌情的锯齿形的短墙，却被赋予了男尊女卑的含义，可发一叹！

车

子有车马，弗驰弗驱（《诗经》）

汉字身世小档案

■ 甲骨文的"车"，字形生动形象，像一辆车，下面两个轮子，连着上面的车厢。

■ 车厢叫"舆"，里面既可以乘人，又可以纳物，因此引申为"众多"之意，比如"舆论"就是指公众的言论。

■ 古人乘车，以左为尊，空着左边的座位准备接待贵宾称"虚左以待"。尊者在左，驾驭的人居中，还要有一个人在右边陪着，这叫"骖乘"。兵车的情况则不同，主帅居中，驾驭的人居左，右边还要带上一位勇士，称作"车右"。

■ "辅车相依"跟"唇亡齿寒"的意思一样，颊骨和牙床相互依存，缺一不可。

① 甲骨文

② 甲骨文

③ 金文

④ 小篆

⑤ 楷书繁体

在中国古代，总是车马并举，一般来说，没有无马的车，也没有无车的马。比如《诗经·山有枢》中的诗句："子有车马，弗驰弗驱。"您有车又有马，却不乘又不坐。《周易·系辞》载黄帝的功绩之一是："服牛乘马，引重致远，以利天下。"可见除马车外，还有牛车。马车供贵族出行和作战使用；牛车用来载运货物，魏晋以前牛车很低贱，贵族是不能乘坐的，魏晋之后，王公贵族们才开始乘坐牛车。相传黄帝造车，直到其子少昊时才用牛拉车，到了禹的时候，任命奚仲为"车正"，这才开始用马拉车。

车，甲骨文字形 ❶，这是一个象形字，横着看就像一辆车的两个轮子。甲骨文字形 ❷，更是非常形象的一辆车的形状，下面是两只轮子，连着上面的车厢。金文字形 ❸，也是横视图，两只轮子的前面是车辕前端的横木，叫"衡"，乃是驾马之处。小篆字形 ❹，仅仅保留了一只车轮。楷书繁体字形 ❺，同于小篆。简化后的简体字完全看不出象形的样子了。

《说文解字》："车，舆轮之总名。"一辆车，最显眼的部分当然是车厢和车轮。车厢叫"舆"，里面既可以乘人，又可以纳物，因此而引申为"众多"之意，比如"舆论"就是指公众的言论。周代就把造车工人称作"舆人"，《周礼·考工记》中载有非常详细的造车方法，而且车的种类也分得很细，大的类别分成两类，大车和小车。大车又分为以下几种：大车，指行于平地的牛车；柏车，行于山地的大车；羊车，装饰精美的大车。这三种车都用牛来拉，而且都是两辕。小车又分为以下几种：田车，"田"是田猎，打猎用的车子；兵车，顾名思义，就是打仗用的战车；乘车，又叫安车，"安"是安坐的意思，古人乘车跟今天完全不同，是站立在车厢里的，这叫"立乘"，但是高官告老还乡或者征召有名望的人，往往赐乘安车，妇人也不立乘，乘车或安车就是特许这些人使用的。这三种车都用马来拉，而且都是一辕。

《礼记·檀弓下》载："孔子过泰山侧，有妇人哭于墓者而哀，夫子式而听之。"这个"式"字与"轼"通假，是车厢前面可以凭倚的横木，古人在行车途中，如果遇到了身份比自己尊贵的人，要"抚式"，手扶横木俯首致敬，但是兵车因为是作战所用，所以"兵车不式"。

古人乘车，以左为尊，空着左边的座位准备接待贵宾称"虚左以待"。尊者在左，驾驭的人居中，还要有一个人在右边陪着，这叫"骖(cān)乘"。兵车的情况则不同，主帅居中，驾驭的人居左，右边还要带上一位勇士，称作"车右"，目的是防备不测。

有趣的是，《左传》中有"辅车相依，唇亡齿寒"的谚语。"辅"指颊骨，可以辅持口腔；"车"指牙床，牙床上装满了牙，就像车上载满了东西一样。"辅车相依"跟"唇亡齿寒"的意思一样，即颊骨和牙床相互依存，缺一不可。

犬

上怀犬马恋，下有骨肉情（韦应物）

汉字身世小档案

- "犬"是指大狗，尚未生长出长而尖的毫毛的叫"狗"。
- 周代有"犬人"的官职，负责掌管供祭祀用的犬的一切事宜。用作祭祀的犬称作"羹献"。
- 所谓"羹献"，是指用人吃剩的残羹养狗，养肥后可以献祭于鬼神。
- 六畜之中，马和犬是最擅长奔跑的，于是古人就造出"犬马"一词。骑马打猎，纵犬追逐野兽，这都是统治者的娱乐方式，因而有"声色犬马"之称。

① 甲骨文
② 甲骨文
③ 甲骨文
④ 金文
⑤ 小篆

狗是中国人最早驯化的六畜（马、牛、羊、鸡、狗、猪）之一，但为什么叫"狗"，又叫"犬"呢？其间的区别非常有意思。

犬，甲骨文字形 ❶，这是一个象形字，栩栩如生的一只狗的模样。甲骨文字形 ❷，身形矫健。甲骨文字形 ❸，好像张开了嘴巴要发动进攻了。金文字形 ❹，尾巴很长，动势更足。小篆字形 ❺，直接从金文字形而来。楷体字形则完全看不出象形的样子了。

《说文解字》："犬，狗之有悬蹄者也，象形。"这个解释很奇特，什么叫"悬蹄"？顾名思义，"悬蹄"就是悬起来的蹄子。蹄子怎么会悬起来呢？过去有学者认为"悬蹄"就是跑得飞快，蹄子仿佛悬空了似的。这是望文生义，"悬蹄"是不与地面直接接触的小蹄，也就是退化了的残趾。

许慎又引用孔子的话说："视犬之字，如画狗也。"许慎和孔子都认为先有"狗"字，后有"犬"字，"犬"只是"狗"这一类中的一种，即"狗之有悬蹄者"。这其实是错误的，因为甲骨文中只有"犬"字，而无"狗"字，而且恰恰相反，"狗"只是"犬"这一类中的一种。《尔雅·释畜》解释道："未成毫，狗。"尚未生长出长而尖的毫毛的叫"狗"，可见"犬"指大狗，"狗"是小狗的称谓，就像"驹"是两岁以下幼马的称谓一样。

周代有"犬人"的官职，负责掌管供祭祀用的犬的一切事宜。这也是先有"犬"字后有"狗"字的一个旁证：有"犬人"之职，却没有"狗人"之职。用作祭祀的犬称作"羹献"。所谓"羹献"，是指用人吃剩的残羹养狗，养肥后可以献祭于鬼神。

六畜之中，马和犬是最擅长奔跑的，于是古人就造出"犬马"一词。骑马打猎，纵犬追逐野兽，这都是统治者的娱乐方式，因此而有"声色犬马"之称。又引申出"效力"之意，如"效犬马之劳"的成语。同时臣子对国君亦自称"犬马"，表示愿意做国君的犬和马。韦应物有诗："上怀犬马恋，下有骨肉情。""犬马恋"就是形容臣子眷恋国君，犹如犬马眷恋自己的主人一样。刘禹锡写给皇帝的上书中有更加形象的表述："江海远地，孤危小臣。虽雨露之恩，幽遐必被；而犬马之恋，亲近为荣。"

有趣的是，古人生病还都各有不同的婉辞，"犬马"也是其中的一种：

天子生病称作"不豫"，"豫"是快乐，"不豫"就是不快乐；

诸侯生病称作"负兹"，意思是担负的事情繁多，以致积劳成疾；

大夫生病就称作"犬马"，"大夫言犬马者，代人劳苦，行役远方，故致疾"；

士生病称作"负薪"，采薪并背负柴草乃低贱之事，因此用在统治阶层中地位最低的士身上，《礼记》中规定，国君让士射箭，如果士不具备射箭的技能，就要以生病的名义辞谢，要说："某有负薪之忧。"

天

接天莲叶无穷碧，映日荷花别样红 （杨万里）

汉字身世小档案

■ 甲骨文中的"天"，是一个象形字，像一个正面站立的人形，最突出的是上面大大的人头。

■ "天"的本义专指人的头顶，由此义组成了"天灵盖""天庭"等词。

■ 所谓天命思想形成于周代，世间万物皆有天意主宰，凡人事所不能皆称之为天意，由此形成了上天神圣的观念。

■ "九天"并不是指"九重天"，西汉扬雄在《太玄》中正式命名了天上的"九重天"："一为中天，二为羡天，三为从天，四为更天，五为睟天，六为廓天，七为咸天，八为沉天，九为成天。"

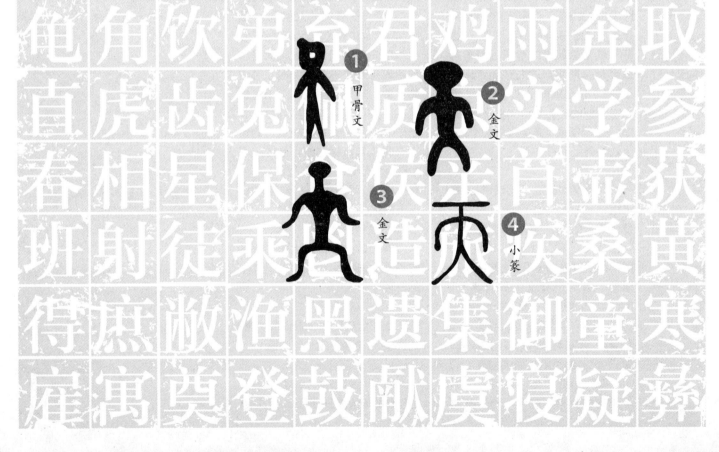

① 甲骨文

② 金文

③ 金文

④ 小篆

杨万里有诗："接天莲叶无穷碧，映日荷花别样红。"不过"天"当作"天空"解是后起义，本义并非如此。

天，甲骨文字形❶，这是一个象形字，像一个正面站立的人形，最突出的是上面大大的人头。也有学者认为上面的方形表示头顶的天。金文字形❷，更像人的样子，而且笔画粗犷，头部栩栩如生。金文字形❸，这个人好像扎起了马步，双臂也平伸了起来，原来的大头反而变小了。小篆字形❹，其他部分仍旧，大头变成了"一"字形。楷体字形则不太像人的样子了。

《说文解字》："天，颠也，至高无上。""颠"的本义就是头顶，但可以泛指动物、物体的顶部；而"天"的本义则专指人的头顶，跟"天"甲骨文字形中人的形状密切相关。不过许慎认为这是一个会意字，显然跟原始字形的象形不符。由"天"的本义，组成了"天灵""天灵盖"这样的词，指人或动物的头盖骨。《周易·睽》："其人天且劓。""劓"（yì）是古代五刑之一，指割鼻的刑罚；黥额为天，黥（qíng）是一种肉刑，指用墨在脸上刺字，而用墨在额头上刺字就叫"天"，可见"天"是指人的头顶或离头顶最近的地方。相术将前额中央或两眉之间称作"天庭"，比如天庭饱满，也因为此二

处离头顶最近的缘故。

人体的最上部为头部，故而"天"引申为天空之意。白川静先生有一段关于上天神圣观念的演变，极有见地。他说："天上为神之所在，上天神圣的观念在殷代已经出现。据甲骨文可知，殷（自称为'商'）将其都城称作'天邑都'（商的神圣之都）。公元前1046年殷亡，周取而代之，认为此兴亡之变故缘于天命的所谓'天命思想'形成于周代。人间万事皆由天意主宰，凡人事所不能皆称之为天意。"由此上天神圣的观念，"天"又可以指天帝，以上天和天帝为世间万物之主宰。与上天对应，人间的最高主宰——君王，亦可称作"天"，比如皇帝之面叫"天颜"，皇帝的恩赐叫"天恩浩荡"。

屈原《离骚》中有"九天"之说，东汉王逸注解称"九天谓中央八方也"，《吕氏春秋·有始览》中则称作"九野"："中央曰钧天，东方曰苍天，东北曰变天，北方曰玄天，西北曰幽天，西方曰颢天，西南曰朱天，南方曰炎天，东南曰阳天。"这是最早的"九天"，不过不是指天上的"九重天"。西汉扬雄在《太玄》中正式命名了天上的"九重天"："一为中天，二为羡（富余）天，三为从天，四为更天，五为睟（suì，颜色纯）天，六为廓天，七为咸天，八为沉天，

九为成天。"

"九天""九重天"又称"九霄"，道家学说中的"九霄"指："赤霄，碧霄，青霄，绛霄，黅（jīn，黄色）霄，紫霄，练霄，玄霄，缙霄。"不知道"九霄"跟"九重天"的关系怎样，是位于"九重天"之外呢，还是跟"九重天"有所重合？不敢妄猜。不过人们常常挂在嘴上的"魂飞九霄云外"则是指"九重天"和"九霄"之外更加高远的天空。而这一切不管是否附会的后起义，都从"天"的本义——人的头顶，生发而来。

井

秋野田畴盛，朝光市井喧（王维）

汉字身世小档案

- "井"字几千年来都没有任何变化，活脱脱一口水井的样子。
- 井田制是西周时期盛行的土地制度，以方圆九百亩为一个单位，划为九区，形状就如同一个"井"字，八家共一"井"。"井井有条""井然有序""背井离乡"等词中的"井"都是指的井田制的"井"，而不是水井。
- 关于"市井"来历的说法有很多。无论哪种说法，"市井"这个词也仅限于城市内部的称谓。
- 井田制的"井"划分得非常规整，因此还被引申为"条理""法度"的意思。

① 甲骨文

② 金文

③ 金文

④ 小篆

"井"字几千年来都没有任何变化，甲骨文字形❶，这是一个象形字，活脱脱一口水井的样子。金文字形❷，从上往下的俯视图。金文字形❸，井里面添加了一点，表示井里有水。徐中舒先生认为这一点代表汲水之器，以区别于捕猎所用的陷阱之"阱"。小篆字形❹，一脉相承。楷体字形返回到了最初的甲骨文字形。

《说文解字》："井，八家一井，象构韩形。甕之象也。古者伯益初作井。""韩"是井上的木栏，"甕"（wèng）是汲水之器。孔颖达解释道："古者穿地取水，以瓶引汲，谓之为井。"

许慎所说的"八家一井"，来源于井田制。井田制是西周时期盛行的土地制度，以方圆九百亩为一个单位，划为九区，形状就如同一个"井"字，八家共一"井"，最中间是八十亩公田，八家各一百亩私田，剩下的二十亩，各家占二亩半用来盖房子居住。按照规定，八家要共同供养公田，只有把公田里的活儿先干完了才能干私田里的活儿。有很多带"井"字的成语都跟井田制有关，比如"井井有条""井然有序""背井离乡"等，其中的"井"都是指井田制的"井"，而不是水井。王维有诗："秋野田畴盛，朝光市井喧。"其中"市井"一词，是指人们的交换发生在井田的范畴之内。

这是"市井"称谓的第一种说法，还有一种说法是：传说井是帝舜时期的大臣伯益发明的，"市"是市场。根据各种古籍记载，上古神农氏发明了市场："日中为市，致天下之民，聚天下之货，交易而退，各得其所。"在远古时期，"井"和"市"都是非常重要的发明，有了"井"吃水才会方便，有了"市"才可以交换货物，因此很快地"市"和"井"就成了城市里最重要的标记物。这就产生了"市井"词源的另一种说法："因井为市。"井是人们打水时候的相聚之处，人们利用相聚的机会进行交换，发展为"市"，故称"市井"。

最好玩的说法出自东汉学者应劭的《风俗通》："市井，谓至市者当于井上洗濯其物香洁，及自严饰，乃到市也。"

这几种说法历代都有许多争论，尤其是第二种说法，反对的声音更大。比如根据《国语·齐语》的记载，管仲对"四民"的安排是：士和工、商都住在"国"中，即城市里；农民住在城市外的田野。《仪礼·士相见礼》规定：凡是对国君说话，在城市里有住房的要自称"市井之臣"，住在城市以外的田野要自称"草茅之臣"。《孟子·万章下》也说："在国曰市井之臣，在野曰草莽之臣，皆谓庶人。"可见，"市井"仅限于城市内部的称谓。《史记·律书》声称汉文帝时天下太平，"自年六七十翁亦未尝至市井"，所指"市井"指的当然就是城市中的市场了。

井田制的"井"划分得非常规整，因此"井"引申为"条理""法度"，荀子说"井井兮其有理也"，就是这个意思。有趣的是，井上的栏杆也叫作"牀"（"床"是"牀"的俗字），《乐府诗集·淮南王》："后园凿井银作牀，金瓶素绠汲寒浆。""素绠（gěng）"是汲水桶上的绳索。

见

信而见疑，忠而被谤（《史记》）

汉字身世小档案

■ "见，视也。""见"的本义就是看见、看到，进而引申为觐见。

■ "见"还有"被"的意思，因为看见的对象（人或物）必然会产生反向的作用力，因此而引申出"被"的意思，用作助词，表示被动。

■ "寻短见"的由来：因为覆盖"棺"的帷幕叫"见"，未成年人棺木上覆盖的"见"比较短，故称"短见"，自己去寻找"短见"的棺饰，就成了寿命短、自寻死路的典型象征。

1 甲骨文

2 甲骨文

3 金文

4 金文

5 小篆

6 楷书繁体

"见"这个字看似简单，却蕴含着一个非常奇特的义项。且让我们从头说起。

见，甲骨文字形❶，这是一个会意字，下面是一个半跪着的人的侧视图，头上顶着一只大眼睛。甲骨文字形❷，上面的眼睛显得更大。金文字形❸，下面的人形几乎被上面巨大的眼睛给压垮了，可见"见"的字形突出的就是这只大眼睛。金文字形❹，大眼睛栩栩如生。小篆字形❺，下面的人形变成了"儿"，上面的大眼睛定型为"目"。楷书繁体字形❻，同于小篆。简体字上面的"目"加以简化，看不出眼睛的样子了。

《说文解字》："见，视也。"段玉裁进一步解释二者的区别："析言之有视而不见者，听而不闻者；浑言之则视与见、闻与听一也。""见"的本义就是看见、看到，进而引申为觐见。周代诸侯觐见天子，有如下规定："春见曰朝，夏见曰宗，秋见曰觐，冬见曰遇，时见曰会，殷见曰同。"春夏秋冬的见各有名目，一目了然。"时见"是没有常期的觐见，比如天子讨伐不顺从的诸侯，而集合别的诸侯，此时觐见就称作"时见"；"殷见"的"殷"意为众，即诸侯一年四季分批朝见天子。

人的眼睛看见某个人、物或者事件时，会产生一定的判断，因此引申为看法、见解，用作名词；人既然能够看见，那么看见的对象（人或物）必然会产生反向的作用力，即"被看见"，由此而引申出"被"的意思，用作助词，表示被动。《吕氏春秋》说："君子之自行也，敬人而不必见敬，爱人而不必见爱。""见敬""见爱"即被敬重、被喜爱。还有"见笑于人""见笑大方"的用法，均为被人耻笑之意。《史记》中形容屈原"信而见疑，忠而被谤"，"见疑"也是被怀疑、受到怀疑的意思。

"见"的以上义项都为人所熟知，最奇特的义项出现在"寻短见"或"自寻短见"这个日常俗语之中。自杀为什么被称作"寻短见"？迄今未见有说服力的解释。其实这跟古代的葬礼制度有关。

上古时期实行的是简葬，用木柴把尸体厚厚地包起来，埋到野外，既不封土为坟，也不植树立碑。后来慢慢开始厚葬，人死后，棺材外面还要再套上一层大棺，这叫"椁"（guǒ）。停殡尚未下葬的时候，"椁"上要用帷幕覆盖起来；棺木将要葬入墓穴的时候，还要用帷幕将"棺"覆盖起来，这个覆盖"棺"的帷幕就叫作"见"，是用死者生前所使用的帷幕制成的，亦称"棺饰"，顾名思义，是棺木的装饰品。

为什么称作"见"呢？贾公彦解释说："'见'谓道上帐帷荒，将入藏以覆棺。言见者以其棺不复见，唯见帷荒，故谓之'见'也。""帷荒"也是棺饰之一，是用布帛制成的棺罩。参加葬礼的人看不见棺木，只能看见覆盖的棺饰，因此这种棺饰就叫作"见"。

在"寻短见"这个日常俗语中，"短"指寿命短，郑玄说："未冠曰短。"男子二十岁举行冠礼，表示成年，未满二十岁死亡，就称作"短"。既未成年，则身量矮小，使用"见"这种棺饰自然就比成年人的要短小，故称"短见"。"寻"是极其形象又刻薄的点睛之笔，自己去寻找"短见"的棺饰，不正是寿命短、自寻死路的典型象征吗？因此"寻短见"或"自寻短见"就用来比喻自杀寻死。

凤

凤兮凤兮归故乡，遨游四海求其凰（司马相如）

汉字身世小档案

- 在古代，"凤"和"凰"是有区别的，雄的叫凤，雌的称凰。
- 凤凰身上有德、义、礼、仁、信的纹饰，"见则天下大安宁"。显然人们在凤凰身上寄予了非常美好的理想。
- "風"之本义并非基于空气的拂动，而是由呈现为神鸟之姿或神龙之姿的灵兽体现出来。

1 甲骨文

2 甲骨文

3 甲骨文

4 小篆

5 楷书繁体

6 小篆「风」

7 楷书繁体「风」

司马相如挑逗卓文君的琴曲名为《凤求凰》，其中有"凤兮凤兮归故乡，遨游四海求其凰"的名句。今人都统称凤凰，但是在古代，"凤"和"凰"是有区别的，雄的叫凤，雌的称凰，所以司马相如自称"凤"，而求其"凰"卓文君。"凰"又和"皇"通假，《尚书》中有"凤皇来仪"之句，《诗经》中也有"凤皇于飞""凤皇鸣矣，于彼高冈"之句。

古人把麟、凤、龟、龙称作天地间的四灵，凤则为百鸟之长，《大戴礼记·易本命》："有羽之虫三百六十，而凤皇为之长；有毛之虫三百六十，而麒麟为之长；有甲之虫三百六十，而神龟为之长；有鳞之虫三百六十，而蛟龙为之长。"

凤，甲骨文字形❶，这是一个象形字，像头上有丛毛的一只鸟儿，而且是多么骄傲又美丽的一只鸟儿啊！甲骨文字形❷、❸，第一个字形的右边和第二个字形的右上角，学者们都说是用来表声的"凡"，那么这就是一个象形兼形声的字。小篆字形❹，"凡"移到了上面，"鸟"部移到下面，真的变成了上声下形的形声字了。楷书繁体字形❺，"凡"移到整个字形的外面。简化后的简体字完全看不出鸟儿的样子了。

《说文解字》引用更古老的说法，详细解释了"凤"的形象："凤，神鸟也。天老曰：'凤之象也，鸿前麟后，蛇颈鱼尾，鹳颡（sǎng，额头）鸳思，龙文虎背，燕颔鸡喙，五色备举。出于东方君子之国，翱翔四海之外，过昆仑，饮砥柱，濯羽弱水，暮宿风穴。见则天下大安宁。"许慎引用的"天老"是黄帝的大臣。《山海经》中也有类似的记载："丹穴之山……有鸟焉，其状如鸡，五采而文，名曰凤凰，首文曰德，翼文曰义，背文曰礼，膺文曰仁，腹文曰信。是鸟也，饮食自然，自歌自舞，见则天下安宁。"这是说凤凰身上有德、义、礼、仁、信的纹饰，显然在凤凰身上寄予了非常美好的理想。

有趣的是，"凤"还是"风"的古字。风，小篆字形❻，楷书繁体字形❼。叶玉森先生认为凤凰的长尾巴奋翼一飞，则风就呈现了出来。白川静先生则认为，其繁体字"風"里面之所以有个"虫"字，是指包括龙在内的爬虫类，"神灵变形为龙，兴风起飚"，因此从"凤"字中取来表声的"凡"，加上"虫"，造出"風"字。由此他更进一步认为，"'风'之本义并非基于空气的拂动，而是由呈现为神鸟之姿或神龙之姿的灵兽体现出来。古时，风被认为是鸟形神，即风神"。

《列仙传》中记载了一段美好的传说，详细说明了什么叫"凤凰来仪"。"萧史者，秦穆公时人也。善吹箫，能致孔雀白鹤于庭。穆公有女，字弄玉，好之，公遂以女妻焉。日教弄玉作凤鸣，居数年，吹似凤声，凤凰来止其屋。公为作凤台，夫妇止其上，不下数年。一旦，皆随凤凰飞去。"

父

怡然敬父执，问我来何方（杜甫）

汉字身世小档案

- "父"字在甲骨文中是一个会意字，右边是一只手，左边是一根棍子，右手持棒，教子女守规矩。
- 父亲的朋友称"父执"。
- 在古代，以何种方式为血亲复仇也有诸多要求。
- "父"也可作为对老年男子的尊称。

1 甲骨文

2 金文

3 金文

4 小篆

《礼记·曲礼上》："见父之执，不谓之进不敢进，不谓之退不敢退，不问不敢对，此孝子之行也。"父亲的朋友称"父执"，比如杜甫的诗："怡然敬父执，问我来何方。"

父，甲骨文字形 ❶，这是一个会意字，右边是一只手，左边是一根棍子，右手持棒，教子女守规矩。金文字形 ❷，这只手把棒子举得更高了。金文字形 ❸，好粗的一根棒子！打在身上一定很疼。小篆字形 ❹，楷体字形变形得很厉害。

《说文解字》："父，矩也，家长率教者。从又举杖。"《礼记·学记》规定："夏、楚二物，收其威也。""夏"是山楸木，跟荆树一样坚硬；"楚"是一种落叶灌木或小乔木，开花时呈青色或紫色的穗状小花，叶子可入药，枝干坚硬。用这两种树的枝干制成杖，以对付那些不好好学习的顽童，调皮捣蛋的时候惩戒一下。后来"夏楚"连用，泛指用棍棒进行体罚，主要用于未成年人。夏、楚，就是家长举的那根杖，而举杖的家长，就是父亲。这是"父"的本义。

不过，郭沫若先生有不同的看法。他认为"父"是"斧"的初字，手持的不是棒子，而是石斧。石器时代，男子手持石斧进行操作，因此而称父亲之"父"。

古代中国是一个男权社会，父子关系因而成为这个社会中最重要的关系。《论语》中有这样一段对话："叶公语孔子曰：'吾党有直躬者，其父攘羊，而子证之。'孔子曰：'吾党之直者异于是，父为子隐，子为父隐。直在其中矣。'"叶公对孔子说："我家乡有个正直的人，他父亲偷了别人的羊，他去检举了自己的父亲。"孔子说："我家乡正直的人跟这个人不一样，父亲为儿子隐瞒，儿子为父亲隐瞒，正直就在这种行为之中了。"

《左传·昭公二十年》中还记载了"一过不父"的成语故事。费无极向楚平王进伍奢的谗言，说伍奢联合太子准备发动叛乱，楚平王信以为真，于是就向伍奢求证。伍奢回答道："君一过多矣，何信于谗？"此处的"一过"是指先前楚平王派遣费无极去秦国为太子接亲，费无极为了讨好楚平王，就对他说秦女甚美，干脆大王您自己娶了她吧！楚平王果然自娶了秦女。这一个过错已经很严重，因此后人用"一过不父"形容失于父道。

古代社会的父子关系还深刻地体现在血亲复仇之中。《礼记·曲礼上》写道："父之仇弗与共戴天，兄弟之仇不反兵，交游之仇不同国。"父仇不共戴天，不能头顶同一片天空；杀兄弟之仇，则要随

身携带兵器，见到仇人径直杀掉，不需再回家取兵器；杀朋友之仇，不能跟仇人共处一个国家之内。

《礼记·檀弓上》载，孔子的学生子夏询问为父母复仇之道，孔子回答说："寝苫（shān），枕干，不仕，弗与共天下也。遇诸市朝，不反兵而斗。"意思是儿子要睡在草垫子上，拿盾牌当枕头，还不能去做官，卧薪尝胆。一旦在街头遇到仇人，拿出随身携带的兵器就杀掉仇人。

《春秋公羊传·定公》也说："父不受诛，子复仇，可也；父受诛，子复仇，推刃之道也。"意思是说：父亲无辜被杀，儿子可以复仇；如果父亲有罪被杀，儿子为父亲复仇就会形成"推刃之道"，即冤冤相报的恶性循环，后者不被赞赏。如伍奢受奸佞所害，为楚平王所杀，后其子伍子胥为报父仇，率领吴军攻入楚国都城，将楚平王的尸体从坟墓里挖出来，鞭尸三百，这一行为得到当时人的充分理解和接受。

由"父"的本义可以引申为对老年男子的尊称，比如姜太公被周武王尊称为"尚父"，管仲被齐桓公尊称为"仲父"，孔子被鲁哀公尊称为"尼父"，范增被项羽尊称为"亚父"。

北

北方有佳人，绝世而独立（李延年）

汉字身世小档案

■ "北"的本义就是"背"，故而无论是在甲骨文，还是金文和小篆中，"北"都是两个人背靠背的形象。

■ 因为背处阴暗，古人房屋大都坐北朝南，便于采光，所以"北"引申为指向阴暗面方向的方位词。

■ "北面"也可代指师生之谊。

■ "北方为冬""万物至冬皆伏"，其形状就如同"北"字的甲骨文字形，相背而伏，故称北方为"伏方"。

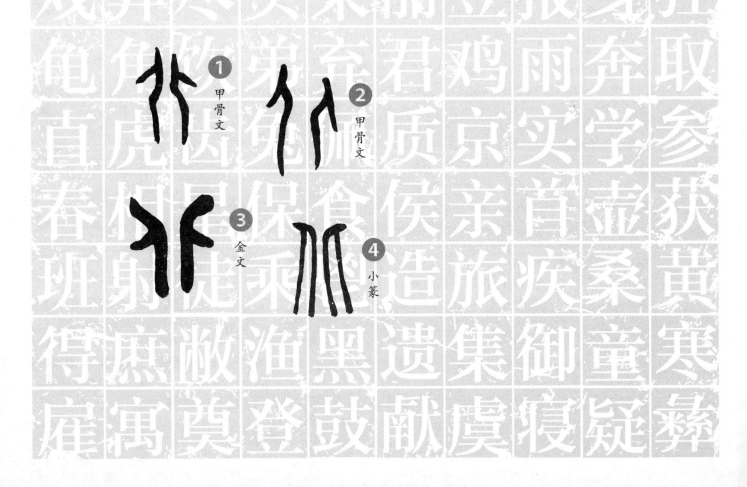

① 甲骨文

② 甲骨文

③ 金文

④ 小篆

"北方有佳人，绝世而独立，一顾倾人城，再顾倾人国。宁不知倾城与倾国，佳人难再得！"李延年唱给汉武帝的这首流行歌曲，吟咏的其实就是自己的妹妹李夫人。"北"为什么会作为指示北方的方位词呢？

北，甲骨文字形❶，这是一个会意字，左右两个人背靠背地站着。甲骨文字形❷，也是相同的形状。金文字形❸，人和人的后背靠得更近，也更像人弯腰曲背的样子。小篆字形❹，同于甲骨文和金文。楷体字形已经看不出来背靠背站着的形状了。

《说文解字》："北，乖也，从二人相背。""北"的本义就是"背"，后来当作指示方向的方位词后，在"北"的下面添加了一个表示躯体的"月（肉）"，来替代"北"的本义。《战国策·齐策六》："士无反北之心。"这里的"北"就是"背"的本字，三国时期的韦昭更是直接解释道："北者，古之背字。""反北"即"反背"，背叛的意思。打了败仗，逃跑的时候总是要用脊背对着敌方，因此把打败仗称作"败北"。古籍中常常有"连战皆北""三战三北"的用法，就是由此而来。又由此引申出败逃之意，西汉贾谊《过秦论》："追亡逐北，伏尸百万。"这里的"北"即指败逃者。

古人房屋大都坐北朝南，便于采光避风，因此南面为上，北面为下。同理，皇帝的座位也是面南背北。"北"由此而引申为指示北方的方位词。《韵会》："身北曰背。"清人朱骏声在《说文通训定声》中解释道："人坐立皆面明背暗，故以背为南北之北。"从此方位出发，即可界定山南为阳，山北为阴。王力先生在注解《老子》"万物负阴而抱阳"这句话时说："山北为阴，山南为阳，老子的话等于说万物负背而抱南。"这就是"北"这个字指示北方的字义的演变过程。

周代有司士的官职，职责之一是"正朝仪之位，辨其贵贱之等。王南向，三公北面东上"。国君面南，臣拜君则要"北面"，面向北行礼。弟子敬师之礼亦称"北面"，据《汉书》记载，西汉时期，于定国当了大官儿之后，"迎师学《春秋》，身执经，北面备弟子礼"，说得很明确，"北面"遂成为师生之谊的代名词。《世说新语·赏誉》："刘尹先推谢镇西，谢后雅重刘，曰：'昔尝北面。'"刘惔任丹阳尹，故称"刘尹"；谢尚任镇西将军，故称"谢镇西"。刘惔先前曾经举荐过谢尚，谢尚当了大官儿之后，也非常看重刘惔，总是对别人说："昔尝北面。"意思是过去我曾经做过他的弟子。

北方还有一个别称，"伏方"，也是用的"北"字的本义。《尸子》："冬为信，北方为冬。冬，终也；北方，伏方也。万物至冬皆伏，贵贱若一，美恶不异，信之至也。"冬天时阳气在下，万物伏藏，其形状就如同"北"字的甲骨文字形，相背而伏，故称北方为"伏方"。

兄

凡今之人，莫如兄弟（《诗经》）

汉字身世小档案

■ "兄"是"祝"的本字，"祝"是祭祀时主持祝告的人，通常由家庭中的长子担任，因此"兄"引申为兄长的意思。

■ 古人对兄弟关系非常重视，《周礼》所说的六种善行中的"友"，就是指友爱兄弟。

■ "司马牛之叹"也成为对孑然一身、孤立无援的感叹之词。

① 甲骨文

② 甲骨文

③ 金文

④ 金文

⑤ 小篆

《诗经》中的这首《常棣》咏叹兄弟之间的深厚感情，其中有"凡今之人，莫如兄弟""兄弟既翕，和乐且湛"的句子。兄，甲骨文字形❶，这是一个会意字，下面是一个俯下身子的人，上面是"口"，会意为一个人向天祷告，因此，"兄"是"祝"的本字。甲骨文字形❷，这个人干脆跪了下来。金文字形❸，下面的人换了个方向，面朝右。金文字形❹，这个俯身的人，衣袖上的穗穗似乎都垂了下来，描摹得真是细致。小篆字形❺，下面的人变形为"儿"。

《说文解字》："兄，长也。"这并不是"兄"字的本义。"兄"既然是"祝"的本字，"祝"是祭祀时主持祝告的人，这个人通常应该是家庭中的长子，因此"兄"引申为兄长的意思。古人对兄弟关系非常重视，《周礼》中有"六行"之说，指的是六种善行：孝，友，睦，姻，任，恤。《尔雅·释训》："善父母为孝，善兄弟为友。"《尚书·君陈》中的一句话甚至还变成了一个古诗文中常用的典故："惟孝友于兄弟。"意思是：孝顺父母，友爱兄弟。后人于是把兄弟称作"友于"。陶渊明有诗："一欣侍温颜，再喜见友于。""温颜"代指慈母，"友于"就是兄弟。

东汉有一对兄弟，兄名赵孝，弟名赵礼，生逢乱世人相食，弟赵礼被强盗掳去，准备吃掉充饥。哥哥赵孝听说后，立刻赶往强盗的巢穴，对强盗们说："我弟弟赵礼有病，身体又瘦，还不够你们塞牙缝的。我身子胖，你们还是吃我吧！"弟弟赵礼一听，坚决不答应，说："我被你们抓住，死了也是我的命，跟我哥哥有什么关系！"兄弟俩各不相让，相拥大哭。强盗们被感动了，于是放了二人。这个典故被缩写为"兄肥弟瘦"，用来比喻兄弟之间的友爱之情。

除了"铜臭"的贬称之外，古时候的钱还有一个有趣的称谓：孔方兄。铜钱外圆，中有方孔，所谓"外圆而内孔方也"。西晋隐士鲁褒写有一篇著名的文章《钱神论》，第一次使用了"孔方"这个称谓，并径直呼之为兄，来讥讽当时的金钱崇拜。"钱之为体，有乾坤之象。内则其方，外则其圆……亲之如兄，字曰孔方。失之则贫弱，得之则富昌。"从此之后，"孔方兄"的谑称就大行于世。

并不是所有的人都有兄弟，这就诞生了著名的"司马牛之叹"，此叹出自《论语·颜渊》："司马牛忧曰：'人皆有兄弟，我独亡！'子夏曰：'商闻之矣：死生有命，富贵在天。君子敬而无失，与人恭而有礼，四海之内皆兄弟也，君子何患乎无兄弟也？'""四海之内皆兄弟"的俗语即由此而来，"司马牛之叹"也成为对孑然一身、孤立无援的感叹之词。

鸟

日中星鸟，以殷仲春（《尚书》）

汉字身世小档案

- "鸟"字是典型的象形文字，在甲骨文字形中，一只头和尖嘴朝下、爪子紧紧抓着地的鸟的形象栩栩如生。
- "鸟，长尾禽总名也。""隹"（zhuī）为"鸟之短尾总名也"，但二者也有混淆的时候。
- 古人认为，右边的翅膀掩着左边的翅膀，这是雄鸟；左边的翅膀掩着右边的翅膀，这是雌鸟。

① 甲骨文

② 甲骨文

③ 金文

④ 小篆

⑤ 楷书繁体

"鸟"这个字最能反映古人最初造字时的象形思维，甲骨文字形 ❶，一只头和尖嘴朝下、爪子紧紧抓着地的鸟的形象栩栩如生。甲骨文字形 ❷，这只鸟站立了起来，有着长长的尾巴。金文字形 ❸，这只站着的鸟更漂亮了，不光头上添加了鸟羽，翅膀和尾巴上的羽毛还闪闪发光。这是甲骨文和金文中最美丽的一只鸟儿。小篆字形 ❹，虽较为规范化，但仍然能够看出鸟的样子。楷书繁体字形 ❺，紧承小篆字形而来。简化后的简体字下面的四个点变成了一横，鸟儿的样子完全看不出来了。

《说文解字》："鸟，长尾禽总名也。象形。"许慎又解说"隹"（zhuī）为"鸟之短尾总名也"，这是强为分别，因为短尾鸟也有从"鸟"的，比如"鹤"；长尾鸟也有从"隹"的，比如"雉"。

古人对鸟的分类很详细，甚至详细到了琐碎、附会的程度。《尔雅》专辟《释鸟》一章，其中对鸟的雌雄有在今天看来非常别致的见解，只是不知实情到底如何。"鸟之雌雄不可别者，以翼，右掩左雄，左掩右雌。"右边的翅膀掩着左边的翅膀，这是雄鸟；左边的翅膀掩着右边的翅膀，这是雌鸟。

根据上古传说，少皞氏即位时，刚好飞来一只凤鸟，为了纪念这一灵异事件，少皞氏于是以鸟为官名，称作"鸟师"，其实属于对鸟的图腾崇拜。

白川静先生认为甲骨文和金文中的"鸟"字特指神圣之鸟，在重要的场合用来祭祀。他尤其举出"鸟星"这一概念。"鸟星"出自《尚书·尧典》："日中星鸟，以殷仲春。"孔颖达解释道："鸟，南方朱鸟七宿。殷，正也。春分之昏，鸟星毕见，以正仲春之气节。""朱鸟"是二十八星宿中南方七宿（井、鬼、柳、星、张、翼、轸）的总称，七宿相连呈鸟形，朱色象火，南方属火，故称"朱鸟"。春分时节（又称"日中"），阳光直射赤道，昼夜平均，过了春分，就进入了明媚的春天。春分这一天的晚上，朱鸟七宿刚好处于南天，所以要祭祀"鸟星"，祈盼第二天是一个风和日丽的好天气，适宜农作。出土的殷商甲骨文中有"卯鸟星"的文字，应该就是这样的祭祀。

至于"鸟"字的另外一种读音"diǎo"，意指人或动物的雄性生殖器，则是明清之际市民阶层兴起后文化粗俗化的产物，大约属于一种民间禁忌，避讳直呼男性生殖器的"屌"字，因此用"鸟"来作通假字。明人冯梦龙所著《古今谭概》中有"洗鸟"一则趣谈："大学士万安老而阴痿，徽人倪进贤以药剂汤洗之，得为庶吉士，授御史，时人目为洗鸟御史。"那么至迟到了明代，"鸟"已经当作骂人的粗话来使用了，跟"鸟"美丽的原始字形完全没有关系。

乐

独乐乐，与人乐乐，孰乐？（《孟子》）

汉字身世小档案

■ "乐"是个象形字，但具体像的是哪种乐器，说法不一。

■ 据说，黄帝时的乐官伶伦，是制乐的始祖。

■ 古人为音乐赋予了许多道德含义，比如《周礼》中就规定有六种"乐德"。

■ 当作"喜欢"讲时，"乐"应该读作"yào"。

① 甲骨文

② 金文

③ 金文

④ 小篆

⑤ 楷书繁体

孟子问齐宣王的这句话是："独乐乐，与人乐乐，孰乐？"头两个"乐乐"读作"yuè lè"，最后一个"乐"读作"lè"。这句话的意思是：一个人欣赏音乐快乐，和别人一起欣赏音乐快乐，哪种更快乐？这句问话牵涉了"乐"字的两种读音。

　　除了楷书简体字"乐"之外，"樂"的任何一种字形都是非常美丽的样子。甲骨文字形❶，关于这个字形，诸学者有不同的见解。虽然大家都同意这是一个象形字，但是具体像的是什么东西的形状，则说法不一。罗振玉认为"从丝附木上，琴瑟之象也"，是一把琴的样子。金文字形❷和❸，中间增加了一个"白"字形状的东西，罗振玉认为是"调弦之器"，弹奏琴弦的拨子。小篆字形❹，许慎认为"像鼓鼙"，鼓是大鼓，鼙（pí）是小鼓。我国古代的乐器有许许多多，为什么偏偏要用"鼓鼙"来代表"乐"呢？段玉裁解释道："鼓者春分之音，易曰：雷出地奋豫，先王以作乐崇德，是其意也。"古人认为鼓声是模仿春分时节的雷声，雷声激荡，先王因此制作音乐以推崇德行。"樂"下半部分的"木"，许慎认为是放置鼓的架子。楷书繁体字形❺，同于以上字形。简化后的简体字，光从字形来看，完全不知所云。

　　关于"樂"字的字形，最别

致的解释来自白川静先生。他认为这个象形字像带手柄的摇铃的形状，中间的"白"字是铃铛，左右的"幺"是丝线编制的穗状饰物，这个摇铃的功能是歌舞时摇动铃铛，愉悦神灵，或者女巫摇动铃铛，以驱除病魔。

　　《说文解字》："乐，五声八音之总名。""五声"即宫、商、角（jué）、徵（zhǐ）、羽，"八音"指金、石、丝、竹、匏（páo）、土、革、木制成的乐器发出的乐音。不过许慎的解释不太准确，"五声八音之总名"显然是"乐"的引申义，本义应该是乐器，不管是鼓鼙还是琴瑟，还是铃铛，据甲骨文和金文字形所示，它毫无疑问是一种乐器。

　　制乐的始祖，据说是黄帝时的乐官伶伦，《吕氏春秋》："昔黄帝令伶伦作为律。"这是关于伶伦作乐的最早记载。其后历代皆有乐官。古人为音乐赋予了许多道德含义，即所谓"移风易俗，莫善于乐"，比如《周礼》规定有六种"乐德"："以乐德教国子：中、和、祗（zhī）、庸、孝、友。"郑玄解释道："中，犹忠也；和，刚柔适也；祗，敬；庸，有常也；善父母曰孝；善兄弟曰友。"

　　音乐悦耳，人听着音乐会感觉快乐，因此引申出快乐、喜悦等意思。当作"喜欢"讲时，"乐"应该读作"yào"，这就是"乐"

字的第三种读音。子曰："知者乐水，仁者乐山；知者动，仁者静；知者乐，仁者寿。"意思是：智者喜欢水，仁者喜欢山；智者动，仁者静；智者快乐，仁者长寿。

外

吉凶见乎外（《易经》）

汉字身世小档案

■ 古人占卜都在白天，如果在夜晚占卜，则表明边疆出事了。"外"会意为远方，"于事外矣"即边疆有事。

■ "外"和"内"不仅原为用龟甲占卜的术语，而且也用作占卜日期的术语。

■ "内子"和"外子"的称呼起源起于南朝梁的一对文学夫妻的赠答诗。

① 金文

② 金文

③ 小篆

外，金文字形 ❶，这是一个会意字，据许慎解释，左边是"夕"，右边是"卜"，"卜尚平且，今夕卜，于事外矣"。古人占卜都在白天，如果在夜晚占卜，则表明边疆出事了。"外"会意为远方，"于事外矣"即边疆有事。因此，《说文解字》解释为："外，远也。"

外，金文字形 ❷，左边的"夕"字里面添加了一点，右边还是"卜"。根据这个字形，有学者把左边的"夕"解释为肉形，肉形也写作"月"。古时供占卜所用的龟甲分两类，一类叫外骨，一类叫内骨。外骨是龟类的甲壳；内骨是鳖类的甲壳，鳖类外边有裙边状的肉缘，甲壳在内，故称内骨。因此，白川静先生认为"外"和"内"原为用龟甲占卜的术语，现在所使用的内、外之意为引申义。《周易》所谓"吉凶见乎外"的"外"就是占卜术语，意思是吉凶见于卦外。

外，小篆字形 ❸，和甲骨文、金文没有任何区别。

《礼记·曲礼上》论卜筮的规定时说："外事以刚日，内事以柔日。凡卜筮日，旬之外曰远某日，旬之内曰近某日。""外事"指郊外之事，祭祀、田猎或对外用兵；"内事"指郊内之事，宗庙祭祀。古人以十天干记日，十天干为甲、乙、丙、丁、午、己、庚、辛、壬、癸，十日有五奇数五偶数，甲、丙、戊、庚、壬五日居奇位，属阳刚，故称刚日，外事用刚日；乙、丁、己、辛、癸五日居偶位，属阴柔，故称柔日，内事用柔日。一旬为十天，卜筮为每十天一卜，十天之外称"远某日"，十天之内称"近某日"。由此可见，"外"和"内"不仅原为用龟甲占卜的术语，而且也用作占卜日期的术语。

古时候，夫妇之间互称内、外，直到今天，老一辈人还习惯于用内子、外子互称，"内子"即称呼自己的妻子，"外子"即称呼自己的丈夫。晋、魏之前并没有这种称谓，这源起于南朝梁的一对文学夫妻的赠答诗。这对令人艳羡的文学夫妻，丈夫叫徐悱，妻子叫刘令娴。徐悱任职在外，给妻子写有两首《赠内诗》，其一曰："日暮想青阳，蹑履出椒房。网虫生锦荐，游尘掩玉床。不见可怜影，空余黼帐香。彼美情多乐，挟瑟坐高堂。岂忘离忧者，向隅心独伤。聊因一书札，以代九回肠。"刘令娴回以两首《答外诗》，其一曰："花庭丽景斜，兰牖轻风度。落日更新妆，开帘对春树。鸣鹂叶中响，戏蝶花中鹜。调瑟本要欢，心愁不成趣。良会诚非远，佳期今不遇。欲知幽怨多，春闺深且暮。"可见二人感情之深。从此之后，内子、外子的称谓才流传开来。

"外"与"内"相对，"表"与"里"相对，因此"外"和"表"就是同义词。"外妇"一词又称"表子"，明代学者周祈在《名义考》一书中曾经辨析过这两个称谓："俗谓倡曰表子，私倡者曰贾老。表对里之称，表子，犹言外妇。"什么叫"外妇"？颜师古解释道："谓与旁通者"，即私通之妇。"外妇"或者"表子"最早是指妻子之外的妾，娶了妾之后，妾也就属于男人了，妾之外的"外妇"自然就是指妓女。"表子"这个称谓即由此辗转而来，后来为"表"字增加了一个"女"字旁，成了直到今天还在使用的"婊子"一词。

册

抛掷功名还史册，分张欢乐与交亲（白居易）

汉字身世小档案

- "册"的本义就是书简。
- "册，符命也，诸侯进受于王者也"。帝王用于册立、封赠等事的诏书就称作"册书"，共有十一类。
- 最早的"册"也是用来祭祀或者向神祷告的，叫"册祝"。

① 甲骨文

② 甲骨文

③ 金文

④ 金文

⑤ 金文

⑥ 小篆

白居易有诗："抛掷功名还史册，分张欢乐与交亲。"史书又叫史册，"册"可不同于今天的书册，让我们来看看这个字的演变。

册，甲骨文字形❶，这是一个象形字，四竖代表书写、记事的竹简，横着的椭圆形是将竹简串联起来的皮绳。甲骨文字形❷，竹简变成了五竖。金文字形❸，变得更加美观。金文字形❹，皮绳从中间竖着分开，各串各的。这是通常的解释，但是不管是甲骨文还是金文，中间的四竖或五竖长短不一，而书写用的竹简应该经过处理，整齐划一才对，徐中舒先生就说："然汉墓出土简册之形制，皆由大小长短相同之札编结而成，并非一长一短。"因此"册"像串联起来的竹简之形似乎不太有说服力。那么它到底像什么呢？

我认同白川静先生的解说。他认为"册"是"栅"的初文，这个字形多么像夯打入地的栅栏！四根或五根立木长短不齐，栅栏或篱笆的形状不正是这样吗？中间的椭圆形或长方形是横木，金文字形❹中，栅栏从中间分开，开了一道门。这种解释最有说服力的是金文字形❺，栅栏从中间分开，里面有一只很像猪的动物。这是用栅栏将用作祭祀的动物关起来的牛羊猪之圈。小篆字形❻，紧承甲骨文和金文字形而来。

《说文解字》："册，符命也，诸侯进受于王者也。象其札，一长一短，中有二编之形。""册"的本义就是书简。据蔡邕说，"册"的形制"长二尺，短者半之；其次一长一短，两编"，"两编"是用两根皮绳扎起来，倒也跟"册"字的各种字形符合，尤其是小篆字形，"两编"的捆扎形状非常鲜明。就像甲骨文是刻在甲骨上的卜辞一样，最早的"册"也是用来祭祀或者向神祷告的。把祭告天地宗庙的祝词或告神之言书写在"册"上，诵读以向神祝告，这叫"册祝"。

"册"既为"诸侯进受于王者也"，那么帝王用于册立、封赠等事的诏书就称作"册书"。《新唐书》这样解释"册书"："册书，立皇后、皇太子，封诸王，临轩册命则用之。"明代学者徐师曾更是将"册书"分为十一类：一曰祝册，郊祀祭享用之，祭祀的时候使用；二曰玉册，用玉简制成，上尊号用之，为皇帝上尊号的时候使用；三曰立册，立帝、立后、立太子用之；四曰封册，封诸王用之；五曰哀册，迁梓宫及太子、诸大臣薨逝用之，迁皇帝、皇后的棺木或者太子、诸大臣去世时使用，颂扬他们生前的功德；六曰赠册，赠号、赠官用之；七曰谥册，上谥、赐谥用之，谥号是皇帝或大臣死后所加的带有褒贬含义的称号，比如殷商的末代君王帝辛，谥号

为"纣"，"残义损善曰纣"，是贬义；八曰赠谥册，赠官并赐谥用之；九曰祭册，赐大臣祭用之；十曰赐册，报赐臣下用之；十一曰免册，罢免大臣用之。

从宋代开始，为征派赋役和保护土地所有权而编造的土地登记簿册，上书土地主人的名字和田亩的尺寸，因所绘田亩依次排列，状如鱼鳞，故称"鱼鳞图册"，一直沿用到清代。佛经也可称"册"，贝多罗树的树叶呈扇状，叶面平滑坚实，经水浸洗后可以当纸用，古代印度人就用它来书写佛经，因此佛经又称"梵册贝叶"，实在是一个非常美丽的代称。

发

都门帐饮无绪，留恋处，兰舟催发（柳永）

汉字身世小档案

- "发"是义项最多的汉字之一，由两个意思完全不同的繁体字"發"和"髮"转化而来。
- 读作一声"fā"的"发"这个字的一切引申义都由开始投掷棒或者射箭这个本义而来。
- "髮"的本义是狗脖子上的长毛。
- 初次成婚的夫妻称结发夫妻，将夫妻二人剪下的头发绾结在一起，表示永远同心相爱。

1 甲骨文
2 金文
3 小篆
4 楷书繁体
5 金文「髮」
6 金文「髮」
7 古文「髮」
8 小篆「髮」
9 楷书繁体「髮」

柳永词"兰舟催发"的"发"是出发、上路的意思。"发"是义项最多的汉字之一，不过其繁体字则是不同的两个，意思完全不一样：發，髮。

先说"發"，甲骨文字形❶，这是一个会意字，上面是两只脚，下面是手持着一根棒，会意为手持着棒，助跑后将棒投掷出去，或者会意为持棒前进。金文字形❷，左边添加了一张弓，右边的下部是一只手，手上面是一根棒或一支箭，左右两侧是两只脚。整个字形会意，恰如《说文解字》的解释："發，射发也。"就是开始射箭的意思。小篆字形❸，变成了上下结构，两只脚移到最上部，其余部分跟金文字形相似。楷书繁体字形❹，《诗经》中有"一发五豝""一发五豵"的诗句，"豝"（bā）是母猪，"豵"（zōng）是公猪，一支箭射中五只母猪和公猪。"发"当量词用，如"一发炮弹"，是由古代射礼规定的射箭次数引申而来。古时常常举行射礼，每人射三次，每次射四支箭，因此射十二箭称作"一发"。读作一声"fā"的"发"这个字的一切引申义都由开始投掷棒或者射箭这个本义而来。

再说"髮"，读作四声"fà"，金文字形❺，这个字形很奇特，也是一个会意字：右边是"首"字，上面是头发和头皮，下面是眼睛，用以代表头部；左边是一只"犬"。金文字形❻，大同小异。"髮"的本义是头发，但为什么用"犬"来会意呢？白川静先生的解释是"用犬作牺牲以袚除灾殃"，而"髮"是它的形声字。这种说法语焉不详。其实"髮"的本义是狗脖子上的长毛，这才是用"犬"和"首"来会意的准确解释。《说文解字》收录的古文字形❼，和金文字形接近，意义却明白得多。右边是"页"，人头部的形状；左边是"犮"，交叉在一起的样子，因此会意为头上交错的头发之意。小篆字形❽，字形变化很大，上面是"髟"（biāo），长发飘飘的样子；下面添加了一个声符"犮"（bá），这个声符是犬奔跑的样子，还是跟甲骨文字形中的犬有关系。楷书繁体字形❾，同于小篆。"發"和"髮"简化后使用同一个"发"字，最初造字的思维方式、二者的区别已完全失去了。

《说文解字》："髮，根也。"段玉裁依据《玉篇》等更正为"头上毛也"。古代地理书说："山以草木为发。"因此"髮"又引申为山上的草木。《庄子·逍遥游》："穷发之北有冥海者，天池也。""穷发"指极北的不毛之地。初次成婚的夫妻称结发夫妻，汉代苏武诗："结发为夫妻，恩爱两不疑。"这一称谓源自古人婚礼上的仪式，据宋人孟元老的《东京梦华录》记载，男女入洞房对拜完毕，坐在床上，"男左女右，留少头发，二家出匹段、钗子、木梳、头须之类，谓之合髻"。把夫妻二人剪下的头发绾结在一起，表示永远同心相爱。唐代女诗人晁采的《子夜歌》详细描述了这一过程："侬既剪云鬟，郎亦分丝发。觅向无人处，绾作同心结。"

圣

母氏圣善，我无令人（《诗经》）

汉字身世小档案

- 中国古代把品德最高尚，智慧最高超，已经达到了人类最高、最完美境界的人称作"圣人"。
- 甲骨文中"圣"字字形为人面朝右侧立，大耳朵则朝左，左边又添加了一个"口"，会意为人不仅要善于倾听，还要善于辩论。
- "圣人"还是美酒的别称，如把清酒叫作"圣人"，把浊酒叫作"贤人"。

① 甲骨文

② 甲骨文

③ 金文

④ 金文

⑤ 小篆

⑥ 楷书繁体

⑦ 金文

中国古代把品德最高尚，智慧最高超，已经达到了人类最高、最完美境界的人称作"圣人"，又引申为凡是帝王、皇后、皇太后、佛菩萨、仙道方士等一概称作"圣人"，而且"圣人"还是孔子的专称。"圣"为什么会如此超凡脱俗，如此完美无缺呢？

圣，甲骨文字形❶，这是一个会意字，下面是一个人踮着脚面朝左侧立，上面是一只大大的朝右的耳朵，会意为人善于倾听。甲骨文字形❷，人面朝右侧立，大耳朵则朝左，左边又添加了一个"口"，会意为人不仅要善于倾听，还要善于辩论。金文字形❸，下面的人似乎有点儿顶不住大耳朵的压力，努力挺直了腰。金文字形❹，耳朵变得更加巨大，下面的人变形得厉害。小篆字形❺，直接从金文❹演变而来。楷书繁体字形❻，上面的"耳""口"定型，下面也定型为"壬"（不是"王"）。简化后的"圣"其实是另外一个完全不相干的字，金文字形❼，也是一个会意字，左下方是"土"，右上方是手，会意为挖掘土地，《说文解字》："圣，汝颍之间，谓致力于地曰圣。"

《风俗通》解释道："圣者，声也。闻声知情，故曰圣也。"这个解释倒是跟那个大耳朵的样子非常相符。白川静先生则把"圣"字解释为："古人相信耳可以捕捉

到神声，尽管神声微乎其微。诵咏祝词，踮起脚尖向神祷告，可以听到神明的诏示的人，谓'圣'，即圣职者。"意思也差不了多少。

《诗经》中有一首叫《凯风》的诗，其中吟咏道："凯风自南，吹彼棘薪。母氏圣善，我无令人。"从南边吹来的和暖的风叫"凯风"，"棘"是酸枣树，"令"是善。这两句诗的意思是：和暖的凯风从南边吹拂而来，吹拂着已经长成柴薪的酸枣树粗粗的枝条。母亲睿智又贤良，我们做儿子的却没有成长为品德美好的人。因此后来就用"圣善"作为母亲的代称。

古人有"内圣外王"一说，"内圣"指内心的道德修养，"外王"指将内心的道德修养施之于外，齐家治国平天下。此语并非儒家首创，而是出自庄子之口。庄子说："不离于宗，谓之天人；不离于精，谓之神人；不离于真，谓之至人。以天为宗，以德为本，以道为门，兆于变化，谓之圣人。以仁为恩，以义为理，以礼为行，以乐为和，薰然慈仁，谓之君子。"这就是庄子心目中"内圣"的理想人格。

有趣的是，"圣人"还是美酒的别称。酿酒需要耗费大量的粮食，东汉末年，天下贫瘠，把持朝政的曹操颁发了禁酒令。但是酒的诱惑实在太大了，偷着饮酒的人层出不穷，这些人当然不敢

明着说自己在喝酒，于是就创造了两个隐语：把清酒叫作"圣人"，把浊酒叫作"贤人"，合称为"清圣浊贤"。从此之后，"清圣浊贤"作为酒的别名就流传了下来，南宋著名诗人陆游在《溯溪》一诗中写道："闲携清圣浊贤酒，重试朝南暮北风。"

成

箫韶九成，凤凰来仪 (《尚书》)

汉字身世小档案

■ "成"是一个会意字，甲骨文字形的主体部分是一支戈，没有异议，左下角这一小竖是一切分歧的来源。

■ 我认为这一小竖是钉子的意思，用楔子或钉子把"戈"的刃和长柄固定在一起，固定完成后，就可以持戈出征了，因此《说文解字》解释道："成，就也。"

■ 周代有士师的官职，职责之一就是"掌士之八成"，用八种成规执掌禁令刑狱。

① 甲骨文

② 甲骨文

③ 金文

④ 金文

⑤ 小篆

"成"这个字的字形众说纷纭，没有定论。这里先介绍各种解释，最后再提出自己的新解。

成，甲骨文字形❶，这毫无疑问是一个会意字，主体部分是一支戈，没有异议，但左下角这一小竖代表的是什么东西，各种解释的分歧就在于此。

第一种解释是：这一小竖是"杵"的形状，上边的"戈"也可以认作斧形，斧、杵具备，就可以做成很多事情。

第二种解释是：这一小竖是指事符号，像是戈上滴下来的血，会意为收兵藏戈，战乱平息了。

第三种解释出自谷衍奎编纂的《汉字源流字典》："甲骨文像以斧劈物形，表示斩物为誓以定盟之意。犹如折箭为誓、歃血定盟一样，是古代发誓的一种风俗。"

第四种解释最为奇特，出自白川静先生，他认为这一小竖乃是饰物下垂之态，戈制作完成后，要在戈上装饰某种饰物，用以举行除恶的祭礼。

以上四种解释虽然有一定的道理，但是甲骨文中出现更多的是字形❷，从而推翻了第一、第二、第四种解释，左下角这个小小的圆形物体既不是"杵"形，又不是血滴形，更不是饰物；至于第三种解释中的"斧劈物形"，那么字形❶中的这一小竖未免过小，为何不选取一个较大的物体来劈呢？况且这种解释并未举出实例，来证明哪种定盟方式采用的是"斧劈物形"，而折箭为誓和歃血定盟，史书都有相应的记载。

因此，以上四种解释都不能成立。我的解释是：甲骨文字形❶和金文字形❸中，这一小竖是竹木或金属制成的楔子的形状，即"丁"字的初文，后来添加了一个"金"字旁写作"钉"，也就是钉子；甲骨文字形❷中，这个圆形物体就是这种楔子的俯视图，即楔子或钉子的顶部。金文字形❹是"成"的另一种古文字形，就看得更加清楚了，楔子或钉子长长的身体上端，还有一个圆圆的钉帽。小篆字形❺，"戈"里面更像一只钉子的形状。楷体字形里面的钉子加以变形，看不出来原来的样子了。

"成"的各种字形会意为用楔子或钉子把"戈"的刃和长柄固定在一起，固定完成后，就可以持戈出征了，因此《说文解字》解释道："成，就也。"这是"成"的引申义，引申为完成、成就、平定等各种义项。乐曲一章终了也叫"成"，比如《尚书》中说："箫韶九成，凤凰来仪。"箫韶相传是舜制成的乐章，奏了九章之后，凤凰也来起舞。

"成"又可引申为成规，即已经完成并定型的规则。周代有士师的官职，职责之一就是"掌士之八成"，用八种成规执掌禁令刑狱。这"八成"分别是："一曰邦汋，二曰邦贼，三曰邦谍，四曰犯邦令，五曰拆邦令，六曰为邦盗，七曰为邦朋，八曰为邦诬。"一曰邦汋，"汋"通"酌"，指盗取国家机密者；二曰邦贼，叛逆作乱者；三曰邦谍，为别国做间谍者；四曰犯邦令，抗拒国君指令者；五曰拆邦令，矫称假托国家法令者；六曰为邦盗，窃取国家宝藏者；七曰为邦朋，互相勾结违法乱纪者；八曰为邦诬，诬罔君臣，歪曲事实者。此之谓"八成"之罪，可称得上井井有条，巨细靡遗。

下有一条路，通达楚与秦（白居易） 达

汉字身世小档案

■ "达"在《说文解字》中解释为"行不相遇也"。在路上行走而不能互相遇见，可见道路因宽阔而通达，能够供人顺畅地前行。

■ "达"是通达的意思，可以引申为道路、通晓事理、荐举、显达等意。

■ 古人对道路的区分非常细致，《尔雅·释宫》中有详细的对道路的命名，这些命名就是以"达"为单位，指畅通的道路。

① 甲骨文

② 金文

③ 金文

④ 小篆

⑤ 楷书繁体

"达"这个字的造字思维非常有意思，甲骨文字形❶，左边是"彳"，行走，右边是人和脚，会意为人在路上行走。金文字形❷，脚移到了"彳"的下面，右边上面是人形的"大"，下面是一只羊，会意为人赶着羊在路上顺畅地前行，或者人像羊一样轻捷地在路上行走。金文字形❸，脚移到羊的下面。小篆字形❹，字形规范化了。楷书繁体字形❺，直接从小篆字形演变而来。

《说文解字》："达，行不相遇也。"在路上行走而不能互相遇见，可见道路因宽阔而通达，能够供人顺畅地前行。许慎认为这是一个形声字，是从小篆字形得出的，但是从金文字形来看，会意字更为合理。《字林》的解释更有意思："达，足滑也。"走路就像双脚汕滑一样快，可以想象一下小羊在路上轻捷蹦跳的样子。

"达"既然是通达的意思，那么就可以引申为道路。古人对道路的区分非常详细，《尔雅·释宫》中有详细的对道路的命名，这些命名就是以"达"为单位，指畅通的道路。"一达谓之道路，二达谓之歧旁，三达谓之剧旁，四达谓之衢，五达谓之康，六达谓之庄，七达谓之剧骖，八达谓之崇期，九达谓之逵。"

"一达"即一条道路，故作为道路的总称；

"二达"叫"歧旁"，歧道旁出，即双岔路；

"三达"是指三面相通的道路，因为旁出的歧路更多，故曰"剧旁"；

"四达"叫"衢"（qú），通往四方的道路；

"五达"叫"康"，指通达五方的大路；

"六达"叫"庄"，指通达六方的大路；

"七达"叫"剧骖"，三条道路交会，旁出一条歧路，故称"剧骖"，指通达七方的大路；

"八达"叫"崇期"，"崇"通"充"，充满，"期"的本义是约会，会合，"崇期"指通达八方的大路，因为道路多又四处通达，人充满其上就像在上面会合一样，故称"崇期"；

"九达"叫"逵"，指通达九方的道路，只是今天已经不知道如何算是通达九方了。

白居易有诗："高高此山顶，四望唯烟云。下有一条路，通达楚与秦。""通达"即畅通的道路，这句诗最符合"达"字的本义。也因此而有"四通八达""六通四达"等种种成语。同时，其中的"五达"和"六达"又组合成"康庄大道"这个成语，统一形容四通八达的道路。白居易《和松树》诗中有这样的诗句："漠漠尘中槐，两两夹康庄。"路旁的槐树相夹的就是"康庄大道"。

"达"的一切引申义，比如通晓事理，比如荐举，比如当作"把意思表达出来"讲的"词不达意"，比如显达，都是从本义引申而来。

诸侯盟，谁执牛耳？（《左传》）

执

汉字身世小档案

- "执"是一个会意字，甲骨文字形为一个被手铐铐住的人。
- "执"的本义，即拘捕、捉拿，引申为持、操持、主持、执行、控制，又因为双手被铐，一定要铐得很紧，以防脱逃，因此又引申为固执。
- "执牛耳"来源于祭祀活动，原指主持盟誓的人，后引申为人在某方面居于领导地位。

① 甲骨文

② 甲骨文

③ 金文

④ 金文

⑤ 小篆

⑥ 楷书繁体　執

"执"是一个非常有意思的汉字，甲骨文字形❶，这是一个会意字，右边是一个半跪着的人，左边是一副手枷，用手枷这种刑具将犯人铐起来。甲骨文字形❷，这么大一副刑具，仅仅为了铐住一双手，比现在的手铐麻烦多了。金文字形❸，人的双手被铐住的情形十分生动逼真。金文字形❹，下面又多此一举地添加了双手，意为双手持枷去铐犯人。小篆字形❺，手枷的形状还在，但是右边被铐住双手的人的样子不大看得出来了。楷书繁体字形❻，右边定型为"丸"，中间的一点倒还有双手被铐的遗意。简体字的左边干脆简化为提手旁了。

《说文解字》："执，捕罪人也。"这就是"执"的本义，即拘捕、捉拿，引申为持、操持、主持、执行、控制的义项也都是由此而来，又因为双手被铐，一定要铐得很紧，以防脱逃，因此又为固执，一个人固执己见、执迷不悟的样子，跟紧铐双手不得挣脱的难受模样是何等相似！

古人把父亲的朋友尊称为"父执"。《礼记·曲礼上》中规定："见父之执，不谓之进不敢进，不谓之退不敢退，不问不敢对。此孝子之行也。""父之执"又称"执友"，意思是"与父同志者也"，和父亲秉持同一种志向。古人云："同门曰朋，同志曰友。"故称"执友"。

古人还把为人送殡称作"执绋"，"绋"是下葬时引柩入穴的大绳。《礼记·曲礼上》中规定："助葬必执绋""执绋不笑"。丧葬乃人生死之大事，必须庄重对待，因此参加葬礼的时候，一定要手执牵引灵柩的大绳以帮助行进，这时还不能笑，以示悲伤之情，所谓"君子戒慎，不失色于人"。

《诗经》中有"执子之手，与子偕老"的名句。郑玄说："言执手者，思望之甚也。"鲜为人知的是，"执手"并不仅仅是互相拉手，还是北方少数民族相见时的一种礼节，也叫"执手礼"。《辽史》中详细描述了这种礼节："执手礼：将帅有克敌功，上亲执手慰劳；若将在军，则遣人代行执手礼。优遇之意。"

古籍中常见"执牛耳"一语，比如《左传·哀公十七年》："诸侯盟，谁执牛耳？"杜预解释说："执牛耳，尸盟者。""尸"是祭祀时代表死者受祭的活人，"尸盟"指主持盟会的人。周代有名叫玉府的官署，负责掌管天子的玉器以及其他玩物，其中职责之一是："若合诸侯，则共珠槃玉敦。"这讲的就是与诸侯盟会时的程序以及使用的器具。

"珠槃"（pán）是用珠装饰的盘，"敦"是青铜制成的食器，"玉敦"是用玉装饰的食器。古时以槃盛血，以敦盛食。孔颖达有关于盟会的详细描述："盟之为法，先凿地为方坎，杀牲于坎上，割牲左耳，盛以珠槃，又取血盛于玉敦，用血为盟书，成，乃歃血而读书。""歃"（shà）的本义是微吸，微饮。"歃血"即微饮血，还有一种说法是"歃血"指用手指头蘸血，涂抹在嘴旁边。不管是微饮还是蘸血，都是双方之间诚意的表示。其中"珠槃以盛牛耳，尸盟者执之"，这就叫"执牛耳"，从主持盟誓的人引申为人在某方面居于领导地位。

鸟兽不可与同群（《论语》）

同

汉字身世小档案

- 甲骨文中的"同"字，上面是覆盘之形，下面是"口"，"口皆在所覆之下"，因此"同"的本义是会聚。
- "同"的另一种解释：爵。意思是"同"是一种酒器。
- "时见曰会，殷见曰同"，每隔十二年，诸侯一起来朝见君王。举行朝见仪式时，使用叫"同"的酒杯饮酒行礼，是为"会同"，因此后来"会同"就成为朝会的泛称。
- "同"还是土地面积单位。因为打雷的时候，雷声能够震惊百里，而百里称"同"，故称"雷同"。

1 甲骨文

2 甲骨文

3 金文

4 金文

5 小篆

"同"这个字的义项很丰富，而且有许多有趣的用法，但这些用法都是从本义引申而来。

同，甲骨文字形❶，这是一个会意字，上面是覆盘之形，下面是"口"，"口皆在所覆之下"，因此"同"的本义是会聚。甲骨文字形❷，上下结构拉开了一点距离。金文字形❸和❹，笔画加粗。小篆字形❺，干脆把"口"移到了里边，覆盖之形更加突出。

《说文解字》："同，合会也。"合会就是会聚，引申为共同、一同，比如孔子说的"鸟兽不可与同群"。据《尚书》记载，周代君王即位的典礼上，有一项仪式是名为大宗伯的官员要向君王献上"同瑁"。"同瑁"到底是什么东西？历代众说纷纭，有说是一种东西，有说是两种不同的东西，直到2009年在西安发现了一件名为"同"的西周青铜酒器，才验证了古籍中关于"同"的另一种解释：爵。意思是"同"是一种酒器。"瑁"是君王所执的玉。那么"同瑁"就是两种不同的东西，即酒器和玉器。这一解释跟"同"的甲骨文和金文字形非常相似，即筒形的酒杯。酒杯中倒满了美酒，当然也可以会意为会聚之意。

《诗经·车攻》中有诗："赤芾金舄，会同有绎。""赤芾（fú）"，红色蔽膝，指遮盖大腿至膝部的服饰；"金舄（xì）"，金饰的复底鞋。赤芾和金舄都为诸侯所穿。"有绎（yì）"，连续不断而有次序的样子；"会同"，诸侯朝见君王的专称。据《周礼》规定，诸侯朝见君王，根据时序的不同，各有不同的专称，依次为："春见曰朝，夏见曰宗，秋见曰觐，冬见曰遇，时见曰会，殷见曰同。""时见"指不在规定期间朝见，"殷见"指诸侯于一年四季分批朝见。"殷见"就称作"同"，每隔十二年，诸侯一起来朝见君王。举行朝见仪式时，使用叫"同"的酒杯饮酒行礼，是为"会同"，因此后来"会同"就成为朝会的泛称。

"同"的本义既然是会聚，因此还可以引申用作土地面积单位，方圆百里为"同"。《左传·襄公二十五年》："且昔天子之地一圻，列国一同，自是以衰。"方圆千里称"圻"（qí），天子直接管辖的地盘是方圆千里，诸侯直接管辖的地盘方圆百里。随声附和或者观点与人相同称"雷同"，李贤解释"雷同"这个词说："打雷的时候，雷声能够震惊百里，而百里称'同'，故称'雷同'。"

"大同"是儒家最高的政治理想，此处的"同"是统一的意思，意为天下都统一到一种理想的社会形态里来。《礼记·礼运》中记载过孔子描述的大同社会的面貌："大道之行也，天下为公。选贤与能，讲信修睦，故人不独亲其亲，不独子其子，使老有所终，壮有所用，幼有所长，矜寡孤独废疾者皆有所养。男有分，女有归。货，恶其弃于地也，不必藏于己；力，恶其不出于身也，不必为己。是故谋闭而不兴，盗窃乱贼而不作，故外户而不闭，是谓大同。"

曲

人间曲水觞，竟忘仙鬼宅（魏源）

汉字身世小档案

■ "曲"的本义就是养蚕的器具，或者是装物的筐笼，因为编制时要将材料弄弯，故此引申为弯曲、不直的意思。

■ 又可以引申为乐曲，段玉裁说："谓音宛曲而成章也。"也是由音乐的屈曲宛转引申而来。

■ 古人把烟囱叫作"曲突"，这来源于东汉学者桓谭在《新论》中讲的一个故事。

1 甲骨文

2 金文

3 小篆

古代风俗，每年春季要在水边举行消灾祈福的祭礼，这种祭礼称作"祓禊"（fú xì）。魏晋之前在三月上巳日这一天举行，魏晋之后固定为三月三日举行。这一天，人们在水边洗濯，以祓除不祥，举行过祓禊仪式后，就在水边宴饮，将觞这种酒具放入水中，顺水漂流，到自己面前，取而饮之，这就是"曲水流觞"的娱乐活动。王羲之的《兰亭集序》就是在一次曲水流觞的活动之后所作。"曲水"，取水流弯弯曲曲之意。魏源有诗："人间曲水觞，竟忘仙鬼宅。"可见"曲水流觞"之乐。

曲，甲骨文字形❶，这是一个象形字，《说文解字》："曲，器曲受物之形也。"许慎认为它像一个弯曲的容器，里面等待着装入东西。这个容器很像一只竹编的筐笼，筐笼上一道一道的不是纹饰，而是编起来的竹条。许慎还有一个解释："或说曲，蚕薄也。""薄"通"箔"，是养蚕的器具，多用竹制。此器具称作"薄曲"，用竹篾或苇篾编制而成。西汉开国功臣周勃，未发迹前就是"以织薄曲为生"。金文字形❷，同样很像"薄曲"的形状。小篆字形❸，变为网开一面，字形也更加美观了。楷体字形的口都封上，看不出"薄曲"的样子了。

"曲"的本义就是养蚕的器具，或者是装物的筐笼，编制时要将材料弄弯，故此引申为弯曲、不直的意思，又可以引申为乐曲，段玉裁说："谓音宛曲而成章也。"也是由音乐的屈曲宛转引申而来。宋玉有一次对楚襄王说："客有歌于郢中者，其始曰下里、巴人，国中属而和者数千人；其为阳阿、薤露，国中属而和者数百人；其为阳春、白雪，国中属而和者不过数十人。"因此得出结论："是其曲弥高，其和弥寡。""下里"就是乡里，"巴人"指巴国的百姓，文化水平都很低；"阳阿"是稍微高雅一点的乐曲，"薤（xiè）露"是一曲挽歌，比喻人的命运就像薤叶上的露水，太阳一出来就干了；《阳春》和《白雪》是两首最高雅的器乐曲，能听懂的人很少。曲调越高雅，能够应和的人也就越少，这就是"曲高和寡"这一成语的来源。

有趣的是，古人把烟囱叫作"曲突"。这个称谓太古奥了，以致许多人都不明白为什么这样叫。东汉学者桓谭在《新论》中讲了一个故事：齐国人淳于髡（kūn）到邻居家做客，"见其灶突之直"，"灶突"就是烟囱，突出在灶台之上。淳于髡看到烟囱是直通通的，旁边堆满了柴禾，就劝说邻居把烟囱改成"曲突"，即弯曲的烟囱，把柴禾移走。邻居不听，结果有一天起火，直通通的烟囱拔火很厉害，屋子烧了大半。火扑灭后，邻居宴请帮忙的人答谢，唯独不请淳于髡，智者讥讽这种行为说："教人曲突徙薪，固无恩泽；焦头烂额，反为上客。"桓谭评论道，这是"贱本而贵末"之举。

尘

人厌尘嚣欲学仙，上天官府更纷然（陆游）

汉字身世小档案

■ "尘"字原指鹿群奔跑时扬起的尘土，所以在籀文字形和小篆字形中都有鹿的形象。

■ 成语"甚嚣尘上"，今天的意思是对某人某事议论纷纷，用作贬义。而它的原意是对"鄢陵之战"的客观场景再现。

① 籀文字形

② 小篆

③ 楷书繁体 塵

尘，西周末年的籀文字形 ❶，这是一个非常美丽的会意字：中间是三只鹿头代表的鹿群，上面那只鹿头的两旁是两个"土"字，会意为鹿群奔跑时扬起的尘土。小篆字形 ❷，三只完整的鹿的样子更形象，"土"变成了一个，嵌在下面两只鹿的中间。楷书繁体字形 ❸，"鹿"和"土"都简化为一个。简化后的简体字变成了一个新的会意字：小土为尘。

《说文解字》："尘，鹿行扬土也。"那么多动物，为什么偏偏要用鹿来会意呢？因为除了古人最早驯化的六畜（马、牛、羊、鸡、狗、猪）之外，鹿是当时非常常见的野生动物，因此鹿皮才会成为常用的酬宾礼物。伍子胥劝谏吴王，吴王非但不听，还将伍子胥赐死，伍子胥死前预言道："臣今见麋鹿游姑苏之台也。"可见麋鹿之多。古人还有"鹿走而无顾，六马不能望其尘"的记载，也可见鹿群奔跑之速。

世间的纷纷扰扰称作"尘嚣"，陆游有诗："人厌尘嚣欲学仙，上天官府更纷然。"还有一个"甚嚣尘上"的成语，今天的意思是对某人某事议论纷纷，用作贬义，比喻错误的言论十分嚣张。但这个成语最早却没有丝毫的贬义，而是客观场景的再现：喧哗纷乱得很厉害，而且尘土也飞扬起来了。此语出自《左传·成公十六年》

记载的晋楚两国在公元前 575 年著名的"鄢陵之战"。

这天一大早，楚军大兵压境，楚共王带着晋国的叛臣伯州犁登上巢车（用来瞭望敌军的战车）观察晋军的动向。楚共王问："他们驾着战车来回奔跑，这是在干什么呀？"伯州犁回答道："这是在召集军吏。"楚共王边伸长脖子瞭望边说："他们都聚集到中军了！"伯州犁回答道："他们在合谋。"楚共王又说："搭起帐幕了！"伯州犁回答道："这是他们在向晋国的先君占卜吉凶。"楚共王又说："撤去帐幕了！"伯州犁回答道："快要发布军令了。"楚共王又说："甚嚣，且尘上矣！"一片喧嚣，连尘土都飞扬起来了！伯州犁回答道："这是正准备把井填上，把灶铲平，然后要列阵了。"楚共王又说："都乘上了战车，左右两边的人又都拿着武器下车了！"伯州犁回答道："这是去听誓师令。"楚共王问："要开战了吗？"伯州犁回答道："还不知道。"楚共王又说："哎呀奇怪！他们又都乘上了战车，左右两边的人又都下来了！"伯州犁回答道："这是战前的祈祷。"

另外一方，晋厉公也在楚国旧臣苗贲皇的陪伴下，登高台观察楚军的阵势。苗贲皇熟悉楚军内情，向晋厉公建议中军是楚军的精锐部队，晋军应该先以精锐

部队分击楚军的左右军，得手后，再合军集中攻击楚军中军。

晋厉公采纳了苗贲皇的建议，改变了原有阵形，楚共王看到的晋军乘上战车又下来就是晋军在改变阵形，可是伯州犁并没有判断出晋军的意图，结果双方一交战，楚军大败，楚共王的眼睛都被射中了。当天夜里，楚军"宵遁"，连夜退兵了，"鄢陵之战"以晋军大获全胜而告终，"甚嚣尘上"这个成语就此流传了下来，不过早已失去了原意。

农

我昔官称劝农使，年年来檄西江水（范成大）

汉字身世小档案

■ "农，天下之本，务莫大焉。"我国从秦代起就设置了劝农官，职责是劝农民采桑、耕作，历代相沿。

■ "农"字在甲骨文中是一种农具的形象，因此，"农"会意为拿着农具在林中耕作。

■ 《周礼》中将农民分为三类，称作"三农"，分别为山农、泽农、平地农，指居住在山区、水泽和平地的农民。

■ 农业靠天吃饭，古人就将天上的一颗星命名为农星，称作"农丈人星"，体现了古人祈求丰收的朴素愿望。

1 甲骨文

2 甲骨文

3 金文

4 金文

5 金文

6 小篆

7 楷书繁体

《史记·孝文本纪》："农，天下之本，务莫大焉。""农"如此之重要，因此我国从秦代起就设置了劝农官，职责是劝农民采桑、耕作，历代相沿，范成大诗："我昔官称劝农使，年年来激西江水。"他就做过这样的官职。

农，甲骨文字形❶，这是一个会意字，上部是"林"，下部是"辰"。"辰"是"蜃"的本字，"蜃"是蛤、蚌之类的软体动物，古人用它们的壳制成农具，用来耕作，这种农具叫蚌镰，在蚌镰的背部凿两个孔，用绳子系在拇指上，用来掐断禾穗。因此"农"会意为拿着农具在林中耕作。不过许慎认为："辰，震也。三月，阳气动，雷电振，民农时也，物皆生。"以此会意为在林中务农。许慎的看法跟"辰"字的甲骨文字形不符，是因为他没有见过甲骨文的缘故。甲骨文字形❷，双手持蚌镰。

农，金文字形❸，下部仍然是蚌镰，上部变成了"田"，会意为拿着蚌镰在田中耕作。金文字形❹，蚌镰的两侧添加了两只手，手持着蚌镰进行耕作。金文字形❺，字形变得复杂起来，蚌镰下面添加了一只脚，两只手移到了"田"字两侧，"田"上面的一横表示田界。最早写出这个字形的古人一定很小气，他的意思是只在自己家的田里耕作，所以画出了田界。小篆字形❻，直接从金文变形而

来，变成了一个从晨囟（xìn）声的形声字，从晨，取日出而作、日落而息之意。楷书繁体字形❼，上面的"田"讹变为"曲"，失去了最初的形象。简化后的简体字完全看不出造字的本意了。

《说文解字》："农，耕也。"引申为农业、农民。《周礼》中将农民分为三类，称作"三农"，分别为山农、泽农、平地农，指居住在山区、水泽和平地的农民。古时以农立国，西周统治者制定了治理国政的八项原则，称"农用八政"，都是为了发展农业生产。《汉书·食货志》开宗明义："《洪范》八政，一曰食，二曰货。食谓农殖嘉谷可食之物，货谓布帛可衣，及金、刀、鱼、贝，所以分财布利通有无者也。二者，生民之本，兴自神农之世。"班固取农用八政之首的"食"和"货"来概称古代的财政制度，故称《食货志》。农用八政出自《尚书·洪范》："八政：一曰食，二曰货，三曰祀，四曰司空，五曰司徒，六曰司寇，七曰宾，八曰师。"

农业靠天吃饭，古人就将天上的一颗星命名为农星，称作"农丈人星"。"丈人"是对老年男子的尊称，移用来称呼农星，"老农主稼穑"，可见古人的朴素愿望，"人事作乎下，天象应乎上"，是多么渴盼丰收啊！唐代诗人张碧有一首《农父》诗，道尽了农民的辛苦：

"运锄耕刂（zhú）侵星起，陇亩丰盈满家喜。到头禾黍属他人，不知何处抛妻子。"这首诗说的还是丰收年景，荒年的景象就更加凄惨了。

会

有匪君子，充耳琇莹，会弁如星（《诗经》）

汉字身世小档案

- "会"字的本义是器物的盖子，这与"会"字的甲骨文和金文字形相符。
- 周代时，大宰和小宰这两种官职的官员，要会集有关的工作人员，对收支情况进行统计，每月终统计一次叫"要"，每年终统计一次叫"会"。司会这个官职主持国家年终的核算，称"大计"。会集财务人员进行大计，故称"会计"。
- "会"还有一个奇特义项：缝隙。"会"的本义既然是器物的盖子，盖上时一定会有缝隙，因此引申出"缝隙"的意思。

1 甲骨文　2 金文　3 金文　4 金文　5 小篆　6 楷书繁体

"会"字的义项非常之多，但是今天的常用义项无非会合、开会、懂得等。

会，甲骨文字形❶，这是一个象形字，下部为底座，中间的器皿里装了一些东西，上部为盖子。也有学者认为像一座粮仓，或者有锅盖的炊事用锅。金文字形❷，上部和下部的盖子、底座还是原样，中间的器皿里装了更多的东西，而且还添加了两只把手，以方便端来端去。金文字形❸、❹，中间装的东西稍有区别，其余部分一仍其旧。小篆字形❺，更加规范化了。楷书繁体字形❻。简化后的简体字完全看不出器皿的样子了。

《说文解字》："会，合也。"这并不是"会"字的本义，许慎把象形字当成了会意字，而且把引申义当成了本义。段玉裁引《礼经》中的释义："器之盖曰会，为其上下相合也。"因此"会"字的本义是器物的盖子。这个本义跟"会"字的甲骨文和金文字形相符。周代的祭祀有个程序叫"启会"，意思就是打开礼器的盖子。"会，合也"是这个本义的引申义，盖子盖上了，器物自然就合在了一起。

今天的财务人员叫作"会计"，其实来源非常久远。周代时，大宰和小宰这两种官职的官员，要会集有关的工作人员，对收支情况进行统计，每月终统计一次叫"要"，每年终统计一次叫"会"，即《周礼》所言："岁终，则会计其政。"郑玄说："司会主天下之大计。""司会"这个官职主持国家年终的核算，称"大计"。会集财务人员进行大计，故称"会计"。因此段玉裁说："凡曰会计者，谓合计之也，皆非异义也。"不过为了区别"会合"之"会"的读音"huì"，古人为"会计"之"会"添加了另外的读音"kuài"。绍兴古称会稽，就是由"会计"一词而来。据《越绝书》记载："禹始也忧民救水，到大越，上茅山，大会计，爵有德，封有功，更名茅山曰会稽。""大会计"，即大会诸侯计功；"计"和"稽"是通假字，因此而有"会稽"的称谓。

今天使用的汇票、支票等银行票据，明清时期叫"会票"，更早在南宋时期叫"会子"。为什么会有这样的称谓呢？就是从"会"字本义引申而来。这是异地支付款项的凭证，在一地交款领票，到另一地凭证兑换，两者合在一起方能支付。

"会"还有一个鲜为人知的奇特义项：缝隙。《诗经·淇奥》："有匪君子，充耳琇莹，会弁如星。""匪"，通"斐"，有文采的样子；"琇莹"，美石；"弁"，鹿皮制的帽子。这句诗的意思是：有位神采奕奕的君子，耳朵上镶嵌着美丽的宝石，帽子的接缝处也镶嵌着美丽的宝石，像星星一样闪闪发亮。这里的"会"读作"kuài"，"会"的本义既然是器物的盖子，盖上时一定会有缝隙，因此引申出"缝隙"的意思。周代礼制规定："王之皮弁，会五采玉琪。"国君的鹿皮帽上，要在缝合处缀五彩的美玉。

舌

妇有长舌，维厉之阶（《诗经》）

汉字身世小档案

■ 甲骨文中的"舌"字，下面是口，上面是口中吐出的长长的舌头，舌头居然都分叉。

■ 《诗经·瞻卬》有云："妇有长舌，维厉之阶"，这就是"长舌妇"的由来。

■ 古人认为，舌头颜色很红的人是贤人，舌头能触及鼻子的人，可位列三公。

■ 舌头除了能说话辨味外，汉代人董蔼的舌头还具有记忆功能。

① 甲骨文

② 甲骨文

③ 金文

④ 小篆

《诗经·瞻卬》："妇有长舌，维厉之阶。乱匪降自天，生自妇人。"此处的"妇人"指周幽王的宠妃褒姒，意思是：有个妇人长了个长舌头，这是灾祸的祸根。大乱不是从天而降，而是这个妇人制造的。这首诗当然是在古代男人中流行的"女人祸水"论的写照，男人把国难的一切责任都推到了女人头上。这就是"长舌妇"这个日常俗语的来历。

我们来看看这个"舌"到底有多长。

舌，甲骨文字形❶，这是一个象形字，下面是口，上面是口中吐出的长长的舌头，旁边还有两滴唾液。甲骨文字形❷，和字形❶一样，舌头居然都分叉！有学者认为最早的"舌"字的字形是从蛇类的舌头得来的灵感，因为蛇类的舌头分叉，给人的印象非常之强烈，因而造出了这个"舌"字。金文字形❸，结构变得更加复杂起来，中间的四个黑点代表唾液。小篆字形❹和楷体字形都区别不大。

以上是最直观、最形象的解释，但是徐中舒先生从文化人类学的角度，却有非常奇特的解释。他说："甲骨文告、舌、言均像仰置之铃，下像铃身，上像铃舌，本以突出铃舌会意为舌，古代酋人讲话之先，必摇动木铎以聚众，然后将铎倒置始发言，故告、舌、言实同出一源，卜辞中每多通用，后渐分化，各专一义。"

《说文解字》："舌，在口，所以言也，别味也。"舌头在口中，用以说话和辨别滋味。又说："从干从口，干亦声。"许慎没有见过甲骨文和金文，因此把一个好端端的象形字曲解成了形声字。徐错则进一步错误地解释道："凡物入口必干于舌，故从干。"段玉裁也说："干，犯也，言犯口而出之，食犯口而入之。"这都是因为没见过甲骨文和金文字形的缘故。

古代相术中关于舌头的描述很有趣，比如说"舌如绛赤者，贤人也"，比如说"吐舌及鼻，三公也"，吐出的舌头能够到鼻子是做三公的征兆。但同时古代肉刑中亦有"断舌"之刑。据《汉书·刑法志》记载："当三族者，皆先黥，劓，斩左右止，笞杀之，枭其首，菹其骨肉于市。其诽谤詈诅者，又先断舌。故谓之具五刑。"这是秦汉时期的五刑。"黥"（qíng）又称墨刑，刺刻面额，染以黑色；"劓"（yì）是割鼻；斩断左右脚趾；"枭"（xiāo）首，砍头后悬挂示众；"菹"（zū）是剁成肉酱。犯下诽谤詈诅之罪的，还要先铰断舌头。肉刑是对犯人身体的极大摧残。

所谓三寸不烂之舌，舌头的重要性还体现在纵横之士的雄辩之中。张仪尚未发迹时，有一次跟楚国国相饮酒，楚相丢了一块玉璧，随从都怀疑是贫穷的张仪所盗，将他暴打一顿。回去后，妻子说："唉！您要是不读书游说，哪里会受到这样的羞辱呢！"张仪问妻子："你看看我的舌头还在不在？"妻子笑道："还在。"张仪说："这就足够了。"后来他果然以辩才发迹。

最有趣的是，有些具备特异功能的人士，舌头居然还有通感！汉代人董蔼，擅长于将书籍的内容抄录在手掌之中，然后用舌头舔食加以记忆，以至于手掌都被舔烂了，董蔼此举号称"舌学"。举世之中，大概也只有董蔼一人具备这种"舌学"的特异功能吧！

血

老夫哭爱子，日暮千行血（顾况）

汉字身世小档案

■ "血"原指献祭时所用家畜的血，后引申而用之于人血。

■ 新制的器物也要血祭，叫作"衅"。

■ "嵇侍中血"，来源于嵇康之子嵇绍护主而牺牲的典故，所以代指忠臣之血。

① 甲骨文

② 甲骨文

③ 陶文

④ 小篆

顾况有诗："老夫哭爱子，日暮千行血。"这个"血"字是引申义，指悲痛的泪水，因为"血"也是液体，极言伤心，流泪如同流血，故引申而来。"泣血"，泣的当然不可能是血，而是泪水。

血，甲骨文字形❶，这是一个会意字，器皿中的小圆圈代表一滴血。甲骨文字形❷，器皿中的一小点也代表一滴血。战国时期的陶文字形❸，代表血滴的小圆圈和点变成了很粗的一个点。小篆字形❹，器皿里面的血滴变成了一横。楷体字形变得不像器皿和血滴的样子了。

《说文解字》："血，祭所荐牲血也。""荐"，进献；"牲"，本指祭祀时用的全牛，后泛指祭祀时用的家畜。由此可知，器皿中的血不是人血，而是供祭祀用的牲血，段玉裁说："人血不可入于皿。"古人茹毛饮血，用血祭神，因此造出了这个"血"字，引申而用之于人血。

杀牲取血以祭神，古称"血祭"；受享祭品称"血食"。《周礼》中规定："以血祭祭社稷、五祀、五岳。""社稷"和"五岳"容易理解，"五祀"指金、木、水、火、土五行之官，即木正句芒、火正祝融、金正蓐收、水正玄冥、土正后土这五神。之所以血祭，是因为血气旺盛的缘故。新制的器物也要

血祭，这就叫"衅"，杜预说："以豭猪血衅钟。""豭（jiā）猪"就是公猪，用公猪的血来祭祀新制成的钟。

孟子和齐宣王有一段对话，详细讲解了"衅钟"的重要性以及所用的牲畜。

有一次齐宣王坐在堂上，有人牵牛经过堂下，齐宣王问："把牛牵到哪里去？"那人回答说："将以衅钟。"要用它的血祭钟。齐宣王说："放了它！我不忍心看到它害怕发抖的样子。"那人回答说："那么不祭钟了吗？"齐宣王说："怎么能不祭钟呢？换一只羊吧。"

对齐宣王将牛换成"替罪羊"的举动，孟子评价道："这正是出于您的仁心，虽然您当时只看到了发抖的牛而没有看到发抖的羊。君子对待禽兽，看见它们活着，就不忍心它们死去；听到它们的哀叫，便不忍心吃它们的肉。因此君子远庖厨也。"

古诗文中有个典故叫"嵇侍中血"，指忠臣之血。嵇绍乃嵇康之子，任侍中，故称嵇侍中。晋惠帝蒙难时，百官和侍卫纷纷溃散，只有嵇绍一人留下，抵挡叛军，被杀于晋惠帝身边，血溅御服。战乱平定之后，左右想洗干净这件御服，晋惠帝不让洗，说："此嵇侍中血，勿去。"后相沿而为典

故。文天祥《正气歌》吟咏道："为严将军头，为嵇侍中血。为张睢阳齿，为颜常山舌。"蜀中名将严颜、嵇绍、唐代睢阳守张巡和镇守常山的颜杲卿都是古代忠臣的典范，文天祥将此四人并列，来表达自己不屈的气节。

由"血"的本义，又可引申为动词，用鲜血沾染的意思，比如"兵不血刃"这个成语。《山海经》中还有"可以血玉"的说法，此处的"血"也是动词，沾染的意思，染玉以增加光彩。

庆

积善之家，必有余庆（《周易》）

汉字身世小档案

- 在甲骨文中，"庆"这个字会意为真心诚意地带着美丽的鹿皮，走到别人家里去庆贺。
- 弹冠相庆，在今天是个不折不扣的贬义词，但在古代却是个不折不扣的褒义词。
- 在汉朝时，"弹冠相庆"是对朋友间美好品行和动人友谊的由衷赞美。从北宋著名作家苏洵开始用作贬义词，形容坏人之间"一人得道，鸡犬升天"的丑态。

① 甲骨文

② 金文

③ 金文

④ 金文

⑤ 小篆

⑥ 楷书繁体

《周易》中说："积善之家，必有余庆。"这里的"庆"是指福泽。

庆，甲骨文字形❶，这是一个会意字，一只鹿的腹部有一颗心。这是郭沫若先生的看法，不过徐中舒先生认为里面的不是"心"，而是角形，反对释为"庆"。有的甲骨文字形还在左边添加了花纹，用以形容鹿的美丽。金文字形❷，上面的鹿头看得更清晰，中间是一颗心，下面是一只脚。金文字形❸，鹿头的形状有所变化。金文字形❹，鹿头的形状还在，下面变异较大，添加了一个表示花纹美丽的"文"。小篆字形❺，上面是"鹿"字的省写，下面还是心和脚。楷书繁体字形❻，同于小篆字形。简化后的简体字跟"鹿"字完全没有关系了。

《说文解字》："庆，行贺人也。吉礼以鹿皮为贽，故从鹿省。"传说上古时，伏羲氏制定了嫁娶的制度，以成对的鹿皮作为聘礼，后世因此将其用作聘问、酬谢或订婚的礼物。齐桓公称霸的时候，诸侯归心，齐桓公轻礼物而重礼节：齐国送给别国豹皮，别国只需回报以鹿皮即可；齐国送给别国马匹，别国只需回报以犬即可。因此别国出使齐国的时候，往往提着空空的袋子，返回时却满载而归。"庆"这个字因此会意为真心诚意地带着美丽的鹿皮，走到别人家里去庆贺，段玉裁所说"心所喜而行也"，许慎所说"行贺人也"，都是这个意思。由此可以引申出喜庆、福泽、赏赐等各种义项。

弹冠相庆，弹掉帽子上的灰尘，互相庆贺，准备出山做官。为什么准备出山做官呢？因为他的同伙升了官，自己一定会得到同伙的提携，所以一听说同伙升了官，立马把荒废多时的官帽找出来，弹掉上面的灰尘，踌躇满志地等待同伙的提携。这个成语在今天是个不折不扣的贬义词，但在古代却是个不折不扣的褒义词。

"弹冠相庆"出自《汉书·王吉传》："吉与贡禹为友，世称'王阳在位，贡禹弹冠'。"王吉字子阳，故称"王阳"。王吉和贡禹是好朋友，因此人们才说"王阳在位，贡禹弹冠"，王吉当了大官，贡禹和王吉的价值取向完全相同，因此王吉一定会提携贡禹，共同实现他们双方的政治理想。王吉和贡禹都是清廉的官员，又都敢说话，常常上书指斥朝廷的错误做法，因此，"王阳在位，贡禹弹冠"的情形没有任何贬义成分在内，反而是人们对二人美好品行和动人友谊的由衷赞美。黄宗羲的《与陈介眉庶常书》对这一成语的引用最好地说明了这一点："人之相知，贵相知心。王阳在位，贡禹弹冠。"黄宗羲赞美王吉当大官的时候，贡禹弹冠的动作恰恰是二人相互知心的写照。

"弹冠相庆"用作贬义是从北宋著名作家苏洵开始的。苏洵在《管仲论》一文中如是说："一日无仲，则三子者可以弹冠相庆矣。""三子"指齐桓公宠幸的竖刁、易牙、开方三个坏蛋，管仲还活着的时候，非常厌恶三子的献媚行为，齐桓公也就不敢升三子的官，等到管仲一死，齐桓公就开始肆无忌惮地宠幸三子了，朝政大权尽数交给了三子，导致最后齐国大乱。因此苏洵说：管仲刚死，三子就开始弹冠相庆了。这是"弹冠相庆"第一次用到坏人身上，流传到今天，"弹冠相庆"变成了贬义词，形容坏人之间"一人得道，鸡犬升天"的丑态。

衣

愿在衣而为领，承华首之余芳（陶渊明）

汉字身世小档案

■ "衣"是一个标准的象形字，在甲骨文中，上面是衣领，中间是衣袖，下面是衣襟合拢的形状，衣襟向左开。

■ 在古代，中原民族尚右，襟向右掩，右边开襟，称"右衽"，中原以外的民族尚左，因而左衽。

■ 上衣叫"衣"，下衣叫"裳"。

■ 儒家关于穿衣的礼仪有一整套繁琐而严格的规定。

1 甲骨文

2 甲骨文

3 金文

4 金文

5 小篆

陶渊明在著名的《闲情赋》中深情地吟咏道："愿在衣而为领，承华首之余芳。"痴情到想成为爱人衣服上的领子，以承接到爱人脖颈上的余香。我们来看看"衣"和"领"的关系。

衣，甲骨文字形❶，这是一个象形字，上面是衣领，中间是衣袖，下面是衣襟合拢的形状，衣襟向左开。甲骨文字形❷，衣襟向右开。金文字形❸，字形更匀称，简直就像个活脱脱的衣架子，衣襟向左开。金文字形❹，衣襟向右开。小篆字形❺，衣襟向左开。楷体字形完全看不出衣服的样子了，更别说衣襟向哪个方向开了。

中国的衣服，据说是黄帝时的大臣胡曹所制，交领右衽。"衽"（rèn）是衣襟，所谓右衽，是指前襟向右掩，右边开襟，看起来像字母"y"的形状。这跟中原民族尚右的习俗有关。与之相反，中原以外的民族尚左，因而左衽，前襟向左掩，左边开襟。孔子有句名言："微管仲，吾其被发左衽矣。"意思是说如果没有管仲，我就要像蛮夷一样披散着头发，衣襟开在左边了。但是我们看"衣"的甲骨文和金文字形，左衽、右衽并没有如此严格的区分，金文字形中左衽甚至还多于右衽。小篆就更不用说了，明显是左衽。不知道为什么左衽和右衽的区别没有在这个字的字形中反映出来。

如果允许猜想一下的话，"衣"字的不同写法是不是跟民族的融合有关？换句话说，不管是中原民族还是所谓的"蛮夷"，大家使用的都是同一套汉字系统，因此而出现了"衣"字左衽、右衽并存的现象。

《说文解字》："衣，依也。上曰衣，下曰裳。象覆二人之形。"人所倚以蔽体者也，故曰"衣，依也"。上衣叫"衣"，下衣叫"裳"。"裳"不是今天穿的裤子，而是裙子，不分男女都可以穿。《诗经·东方未明》中有两句诗："东方未明，颠倒衣裳。""东方未晞，颠倒裳衣。"天还没有亮就穿衣服，把上衣和下裙穿颠倒了。《诗经·绿衣》中也有"绿衣黄裳"的名句，是指绿色的上衣和黄色的下裙。今天的"衣裳"一词已经是泛指了。不过许慎根据小篆字形释为"象覆二人之形"是错误的。

儒家关于穿衣的礼仪有一整套不厌其烦的规定，在孔子身上表现得最为明显。据《论语·乡党》记载："君子不以绀缇饰，红紫不以为亵服。当暑，袗絺绤，必表而出之。缁衣羔裘，素衣麑裘，黄衣狐裘。亵裘长，短右袂。必有寝衣，长一身有半。""绀"（gàn），深青透红，斋戒时所穿衣服的颜色；"缇"（zōu），黑中带红，丧服的颜色；"亵服"，家居时所穿便服；"袗"（zhěn），

单衣；"絺"（chī），细葛布；"绤"（xì），粗葛布；"缁"（zī）衣，黑色的衣服；"麑"（ní），幼鹿。

这段话的意思是：孔子不用深青透红或者黑中带红的布镶边，不用红色或者紫色的布做家居时的便服。夏天的时候要穿细葛布或者粗葛布的单衣，出门的时候一定要罩在内衣外面。黑色的衣服配黑色的羔羊皮衣，白色的衣服配白色的幼鹿皮衣，黄色的衣服配黄色的狐狸皮衣。家居时穿的皮衣做得长一点，右边的袖子短一点便于做事。睡觉时一定要有睡衣，长一身半。

同一章还说："斋，必有明衣，布。""明衣"是指在斋戒期间沐浴后所穿的干净内衣。孔子每当斋戒沐浴后，一定要穿明衣，明衣是用布做的。儒家礼仪是多么烦琐，由此可见一斑。

守

绿叶成阴春尽也，守宫偏护星星（纳兰性德）

汉字身世小档案

■ "守"是一个会意字，甲骨文字形上面是屋顶，下面是"寸"，"寸"指手腕下一寸之处，引申而指法度，因此"守"的这个字形就会意为掌管法度。

■ 守宫是壁虎的别称，壁虎常常守伏于宫墙屋壁，捕食虫蛾，故称"守宫"。

① 金文

② 金文

③ 金文

④ 小篆

"守"字的下面为什么会有个"寸"呢？我们来看看"守"字的字形。

守，金文字形❶，这是一个会意字，上面是屋顶，下面是"寸"，"寸"指手腕下一寸之处，引申而指法度，因此"守"的这个字形就会意为掌管法度。金文字形❷，屋顶下的"寸"很像一只有着长长尾巴的小动物的形状，其实还是"寸"字。金文字形❸，这个字形比较奇特，但是也更鲜明地反映了造字的本义。上面还是屋顶，屋子里面，右边是一只手，左边是一面类似于"干"的盾牌，会意为人持盾牌守卫。小篆字形❹，同于金文。

《说文解字》："守，守官也。"掌管法度是官员的职责。春秋时期有"守道不如守官"的传统，《左传·昭公二十年》讲了这样一个故事：齐景公到沛这个地方打猎，派人持弓招虞人（掌山泽苑囿的官员）前来，虞人却不来。齐景公派人扣押了他，虞人辩解道："昔我先君之田也，旃以招大夫，弓以招士，皮冠以招虞人。臣不见皮冠，故不敢进。""旃"（zhān）是赤色曲柄的旗，用以招大夫；"弓"用以招士；"皮冠"是打猎时戴的帽子，御尘御雨雪，用以招虞人前来清理狩猎场地。齐景公却用招士的弓招虞人，不合礼数，因此虞人不来。齐景公只好放了他。

孔子听说之后评价道："守道不如守官，君子韪之。""韪"（wěi）是对的意思。道是很抽象的东西，而官职所在则很具体，如果能持守这很具体的规则，那么也就是守道了，因此孔子才说"守道不如守官"。

"守"的金文字形❸，持盾牌而守，有一种官职最符合这个字的形象。这种官职称作"守祧"，"祧"（tiāo）是祭先祖之庙，守祧即掌管先王、先公的祖庙。

清代著名词人纳兰性德有一首描写樱桃的《临江仙》词，其中两句是："绿叶成阴春尽也，守宫偏护星星。"什么是"守宫"？这是一种很有意思的称谓，可作两解。

其一，守宫是壁虎的别称，壁虎常常守伏于宫墙屋壁，捕食虫蛾，故称"守宫"。据张华《博物志》记载："蜥蜴或名蝘蜓，以器养之，食以朱砂，体尽赤，所食满七斤，治捣万杵，点女人支体，终年不灭，唯房室事则灭，故号守宫。"古代即以此来检验是否处女。

其二，槐树的一种，称作"守宫槐"。《尔雅·释木》："守宫槐，叶昼聂宵炕。"郭璞解释道："槐叶昼日聂合而夜炕布者，名为守宫槐。"晋人杜行齐说："在朗陵县南，有一树似槐，叶昼聚合相著，夜则舒布而守宫也。""聂"，合；"炕"，张。这种槐树的叶子，白昼闭合，夜晚张开，就像在夜晚守护着宫室一样，故称"守宫槐"。

"绿叶成阴春尽也，守宫偏护星星"，此处的"守宫"系借用槐树的意象，意为春天已尽，绿叶成阴，深夜里，浓密的树叶护住了满天的繁星。不过，纳兰性德是用其来比喻像繁星那么多的樱桃。

温液汤泉，黑丹石缁（张衡）

汉字身世小档案

- ■ "汤"的本义是"温泉"，日本文化继承了这种说法。
- ■ "汤"由本义引申为热水，尤其是指滚烫的热水或者开水，这跟太阳照耀的意象相关。
- ■ "固若金汤"的"金汤"是"金城汤池"的缩略语。"金城"指金属铸就的城墙，坚固无比，"汤池"是灌满了滚水的护城河。
- ■ 国君、皇后、公主等皇室成员收取赋税的私邑也称作"汤沐邑"。

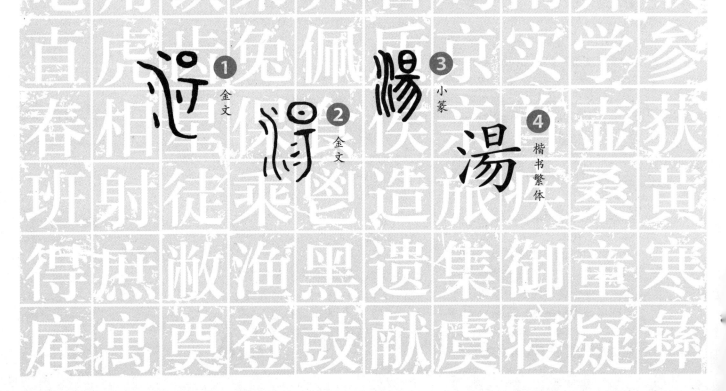

① 金文　② 金文　③ 小篆　④ 楷书繁体

"汤"在今天中国人的日常生活中，都当饮食讲，比如菜汤、煲汤等，不过日本文化仍然承继了"汤"的本义"温泉"，而且直到今天还把公共浴池称作"汤屋"。

汤，金文字形❶，这是一个会意字，左边是流动的泉水，右边是"昜"，"昜"是"阳"的古字，即太阳，表示经由太阳照耀而来的天然的温热。因此这个字形就会意为天然的温泉。古代传说中的日出之地就名为"汤谷"，可见太阳和"汤"的关系。金文字形❷，右边的太阳还发出了光芒，进一步突出了被太阳照耀而变得温热的含义。小篆字形❸，楷书繁体字形❹，都和金文没有任何区别。简化后的简体字将右边的"昜"加以简化，完全看不出太阳照耀的原始含义了。

《说文解字》："汤，热水也。"这其实是引申义，是从温泉的本义引申而来。古时把温泉称作汤井、汤泉、温液，张衡《东京赋》中有云："温液汤泉，黑丹石缁。""温液""汤泉"都是形容温泉，"黑丹"指黑色丹砂，"石缁（zī）"指黑色石头，都是祥瑞之物。

"汤"由本义引申为热水，尤其是指滚烫的热水或者开水，这跟太阳照耀的意象相关。孔子曾经有过这样的名言："见善如不及，见不善如探汤。"看到善，就要担心自己赶不上它；看到不善，就要像把手伸到滚烫的开水中一样赶紧躲开。可见这"汤"的热度之高。

有一个常用的成语"固若金汤"，更可从中见出"汤"的滚烫之意。这个成语比喻坚固的防御工事，但是"金汤"是什么东西，为什么可以比喻坚固呢？原来，"金汤"是"金城汤池"的缩略语。金属铸就的城墙当然坚固无比，是为"金城"；"汤池"是灌满了滚水的护城河。无水的护城河叫"隍"，有水的护城河叫"池"。《汉书·食货志》中说："神农之教曰：'有石城十仞，汤池百步，带甲百万，而亡粟，弗能守也。'"班固借用神农氏之口说：即使有长达十仞（八十尺）的石头城墙，百步那么广的"汤池"，百万带甲的兵士，可是如果没有粮食的话，这座城最终还是不可能守得住的。

《礼记·王制》中有这样的规定："方伯为朝天子，皆有汤沐之邑于天子之县内。""方伯"指一方诸侯之长。按照夏代的规制，王城周围千里的地域称为"王畿"，四海之内分为九州，其一为畿内，由天子亲自管辖，"王畿"和"畿内"又称作"县"，此之谓"天子之县"。方伯朝见天子的时候，要在"天子之县"的范围之内，设置供住宿和汤沐的场所，郑玄解释"汤沐"之礼："给斋戒自洁清之用。浴用汤，沐用潘。"这是因为朝见天子事先要斋戒，还要沐浴，以示洁净。有趣的是，洗身体的"浴"要用"汤"，即热水；洗头的"沐"要用"潘"，即米汁。后来又把国君、皇后、公主等皇室成员收取赋税的私邑也称作"汤沐邑"。

戏

云烟古寺闻僧梵，灯火长桥见戏场（陆游）

汉字身世小档案

- "戏，三军之偏也"，"戏"是军队的偏师，不是主力军。
- 有人认为"戏"是个会意字，代表三军的仪仗队，"带有神兽装扮的、手持兵器的、耀武扬威的仪式性表演，用于操练军队，炫耀武力"。
- 无论是三军的仪仗队，还是三军的侧翼，最初"戏"的意思都跟军事有关。

① 金文

② 金文

③ 小篆

④ 楷书繁体

席慕蓉有首著名的诗《戏子》："请不要相信我的美丽／也不要相信我的爱情／在涂满了油彩的面容之下／我有的是颗戏子的心／所以／请千万不要／不要把我的悲哀当真／也别随着我的表演心碎／亲爱的朋友／今生今世／我只是个戏子／永远在别人的故事里流着自己的泪。"老话说"戏子无义"，我们来看看这个字的演变。

戏，金文字形❶，由三部分组成：右边为"戈"，左上为"虍"，左下为"豆"。"戈"是古代的一种兵器，横刃，用青铜或铁制成，装有长柄；"虍"是虎皮上的斑纹；"豆"是高脚的食器。金文字形❷，虎纹和"戈"的结合更紧密。小篆字形❸，虎纹将"豆"包在了里面。楷书繁体字形❹。简化后的简体字，左侧简化为"又"，"又"是右手的形状，以手持戈。

许慎认为这是一个左声右形的形声字，《说文解字》："戏，三军之偏也。一曰兵也。""偏"是古代车战的战阵，兵车二十五乘为"偏"。许慎的意思是，"戏"是军队的偏师，不是主力军。也有人认为"戏"是三军的仪仗队，"带有神兽装扮的、手持兵器的、耀武扬威的仪式性表演用于操练军队，炫耀武力"。不过如此一来，"戏"就应该是一个会意字，用军队中装饰在高脚食器上的虎皮纹饰和戈，会意为"三军之偏"，再引申

出帅旗的意思，《史记·高祖本纪》："兵罢戏下，诸侯各就国。"意思是在帅旗下举行罢兵的仪式，诸侯各自前往自己的封国。《汉书·项籍传》："于是羽遂上马，戏下骑从者八百余人。"意思是说项羽上马，他的帅旗下跟从的有八百多人。因此大将之旗称作"戏"，在这个意义上，"戏"和"麾"可以作通假字。

许慎还说："戏，一说兵也。""戏"是一种兵器，所以字形中才有一个"戈"字。段玉裁解释说，正因为"戏"作兵器解，才引申出"戏谑"一词，兵器可以玩弄，可以相斗，因此相互狎弄称之为"戏谑"。简化后的"戏"字——以手持戈，也没有失去本义。还有人说"戏"字形中的"豆"是"鼓"的省写，整个字形会意为：手持戈，头戴虎形面具，在鼓声中比武角力。

诸说之中，以白川静先生的解说最富趣味。他认为这是一个会意字，"表示'豆'（高脚之器）形座椅上坐着的身着虎皮之人，受到来自后方'戈'的袭击。身着虎皮之人，当是在模仿军神。袭击身着虎皮之人，当为祈祷战争胜利的舞乐（军戏）的场面"。这种军戏的场面，《韩非子》中有生动的记载："楚厉王有警，为鼓以与百姓为戍。饮酒醉，过而击之也，民大惊，使人止之。曰：'吾醉而

与左右戏，过击之也。'"楚厉王与百姓约定有紧急军情时以鼓声示警，一次醉后忘形，击鼓，百姓大惊。楚厉王声称"与左右戏"，就是指与左右臣子模仿战争的场面而击鼓。根据《左传》的记载，古时开战前，挑战的一方要说："请与君之士戏。"请让我与您的战士们较量一番。这个义项也属于"戏"的引申义。

综上所述，不管是三军的仪仗队，还是三军的侧翼，"戏"都跟军事有关，"因为祈祷战争胜利的模拟表演与游戏类的模拟表演很相似"，因此而引申为游戏、玩耍等义项，比如角力就称之为"戏"，与战争中的争斗非常相像。歌舞杂技等表演称作戏剧，也是由此而来。陆游在《出游》一诗中写道："云烟古寺闻僧梵，灯火长桥见戏场。""戏场"就是这种歌舞场。

日夕虚空里，时时闻异香（储光羲）

汉字身世小档案

■ 白川静先生认为"异"是一个象形字，像两臂伸开、骇人的鬼形。因此可以表示奇特、怪异、不同的意思。

■ 儒家认为淫声、异服、奇技、奇器都是令百姓扰疑不定的东西，凡作此类怪异行为者，都要杀掉。

异

① 甲骨文

② 甲骨文

③ 金文

④ 金文

⑤ 小篆

⑥ 楷书繁体

⑦ 甲骨文「畏」

⑧ 金文「畏」

储光羲有诗："日夕虚空里，时时闻异香。"异香者，奇香也。《说文解字》："异，分也。从廾从畀。畀，予也。""畀"（bì）是给予的意思。许慎这是根据小篆字形而言，徐锴进一步解释道："将欲与物，先分异之也。"两位学者的解释跟"异"字最初的字形严重不符。

异，甲骨文字形❶，这是一个非常明显的人的样子，头、手、脚俱全，而且站立的姿势非常奇特。甲骨文字形❷，双手上举。金文字形❸，双腿叉开，双手举得更高，头部的笔画加粗，样子更加骇人。金文字形❹，双手护头。左民安先生认为这个字形是象形字，像用双手护住头的形状，因此"异"的本义是护翼。西周初期的青铜器大盂鼎上有这样的一句铭文："古天异临子。"意思是因此上天护佑后代。"异"和"翼"是通假字。但是"异"怎么由这个本义引申出如今最常用的"不同"、"奇特"的意思呢？却语焉不详。

许慎和徐锴没见过甲骨文和金文，释义的对象是小篆字形❺，因此望文生义。楷书繁体字形❻，直接从小篆而来。

白川静先生认为"异"是一个象形字，像两臂伸开、骇人的鬼形。鬼本来就是神秘异常的东西，再加上伸臂展现出可怕的样子，因此可以表示奇特、怪异、不同的意思。"異"字上部的"田"字跟"畏"上面的"田"字一样，可以从"畏"字来推出"異"的部分形状。畏，甲骨文字形❼，右边是一个大头鬼，左边是一只杖，鬼拿着杖子打人，会意为害怕的意思。金文字形❽，杖子变得更粗了，打在身上一定很疼。"畏"字的大头鬼的样子跟"異"字大头鬼的样子几乎一模一样，由此可以推断出"異"字也是一个跟鬼有关的象形字。所以我赞同白川静先生的字形分析，而区别、护翼等义项都是由此引申而来。

卫道士们所谓的"奇装异服"，其实古已有之。《礼记·王制》规定："作淫声、异服、奇技、奇器以疑众，杀。"儒家认为淫声、异服、奇技、奇器都是令百姓扰疑不定的东西，凡作此类怪异行为者，居然是都要杀掉！郑玄举例说明什么叫"异服"："异服，若聚鹬冠、琼弁也。""鹬（yù）冠"是以"鹬"这种鸟儿的羽毛作为装饰的冠，乃掌管天文的人所戴；"聚鹬冠"就是喜欢聚集通晓天文的人，为的是有所图谋。"琼弁"是一种用琼玉作为装饰的皮冠，乃大夫所戴。鹬冠、琼弁都不是先王规定的服饰，因此被视作"异服"。

晋代还有一件著名的"异服"，叫雉头裘，用野鸡头上美丽的羽毛织成的皮衣。太医司马程据向晋武帝献上一件雉头裘，武帝认为这是国家典礼所禁的异服，因而焚之于殿前。明人李东阳对此举大加褒扬说："中世以后，君臣之论议政事，古风尚存，乃有却千里马，焚雉头裘。"视之为革除浮华的风气之举。

尽

虚坐尽后，食坐尽前（《礼记》）

汉字身世小档案

- "尽"是一个会意字，象形字形的下面是一只器皿，器皿里面是一只手持着一把小刷子，使劲儿地将器皿清洗干净。
- 盛东西的器皿只有空了才能彻底加以清洗，因此"尽"的甲骨文和金文字形会意为"空"。
- "尽，竭也，终也。""尽，止也。"都是从本义引申出来的义项。

① 甲骨文

② 甲骨文

③ 金文

④ 小篆

⑤ 楷书繁体

"尽"是一个语义非常抽象的汉字，跟人或动物等具象实指的汉字完全不同，比如虎、牛之类只需简单地画出它们的样子即可。但是古人的智慧令人叹为观止，他们使用日常生活中的器具，来表现抽象语义的能力，相信会震撼到每一个现代人。

尽，甲骨文字形❶，这是一个会意字，下面是一只器皿，器皿里面是一只手持着一把小刷子，使劲儿地将器皿清洗干净。甲骨文字形❷，器皿还带底座和把手，上面手持刷子的样子更是栩栩如生。金文字形❸，上下都有些变形，不过手持刷子的样子还是可以看得很清楚。小篆字形❹，同甲骨文和金文区别不大。楷书繁体字形❺，和小篆极为相似。简化后的简体字，造字的原意已经完全看不出来了。

《说文解字》："尽，器中空也。"盛东西的器皿只有空了才能彻底加以清洗，因此"尽"的甲骨文和金文字形会意为"空"。罗振玉则说："象涤器形，食尽器斯涤矣，故有终尽之义。"这是古人利用手边的事物表现抽象的汉字的一个典型例子。"尽，竭也，终也。""尽，止也。"都是从本义引申出来的义项。"尽善尽美""鞠躬尽瘁""尽信书不如无书"之"尽"都是极、竭尽之意；自尽之"尽"则是完的意思，自己完了，当然就表示

自杀；"尽齿"则是尽其年寿，过完了这一生，同时也表示衰老。

古人把农历每月的第一天称作"朔"，《说文解字》："朔，月一日始苏也。"之所以从"月"，意思是过完了前一天之后，月亮又重新复苏，开始新的一月。农历每月的十五称作"望"，之所以从"月"，意思是这一天月亮最圆，"日在东，月在西，遥在望也"。农历每月的最后一天称作"晦"，之所以从"日"，意思是"明月尽而日如故"，月亮昏冥，故称"晦"，这一天又称"晦日"，唐代时，正月的最后一天很受重视，是节日，称"晦节"，要举行送穷、饮酒等种种活动。唐人韩鄂所著《岁华纪丽·晦日》条中说："月有小尽，大尽，三十日为大尽，二十九日为小尽。"也就是说，大月的晦日称大尽，小月的晦日称小尽，而正月的晦节，如果恰好赶上了小尽，那么一定要举行盛大的宴会。古籍中多有大尽、小尽的说法，即由此而来。

《礼记·曲礼上》中对弟子侍奉先生的礼节有详细的规定，其中有一条是："虚坐尽后，食坐尽前。"这里的"尽"是由本义引申而来的尽量或者最的意思。虚坐尽后，"虚，空也，空谓非饮食坐也"，非进餐时的坐法称作"虚坐"，与"食坐"相对而言；顾名思义，"食坐"就是进食时的坐法。未进食

的时候，弟子要尽量往后坐，要坐在最后面，以示对先生的尊敬和自己的谦恭；进食的时候，弟子要尽量往前坐，要坐在自己座位的最前面，因为古时席地而坐，盛饭食的器具摆放在席前的地上，如果坐得靠后，取食的时候就要溅污自己的坐席，同样是对先生的不尊。

《礼记·玉藻》中对臣子侍奉国君的礼节也有同样的规定，其中有一条是："徒坐不尽席尺，读书、食，则齐。""徒坐"跟虚坐的意思一样。未进食的时候，臣子要尽量往后坐，离坐席最前面应当有一尺的距离，以示无所求于前，同样是表示谦恭；读书的时候，声音要让师长听见，进食的时候怕溅污坐席，都要尽量往前坐，与坐席的最前面齐平，也是表示尊敬之意。

买

沉吟此事泪满衣，黄金买醉未能归（李白）

汉字身世小档案

- "买"是一个会意字，甲骨文字形上面是一个网，下面是一只贝，会意为用网捞取贝。
- "货精，故出则卖之也。"因此"卖"字的上面比"买"字多了一个"出"。
- "质剂"是古代版的合同，买卖的时候，要用质剂来约束买卖双方，不允许任何一方有欺诈行为。

① 甲骨文

② 甲骨文

③ 金文

④ 小篆

⑤ 楷书繁体

⑥ 金文「卖」

⑦ 金文「卖」

⑧ 小篆「卖」

⑨ 楷书繁体「卖」

买、卖对举。

先说"买"，甲骨文字形❶，这是一个会意字，上面是一个网，下面是一只贝，会意为用网捞取贝。甲骨文字形❷，网和贝的形状变得更加悦目。金文字形❸，上面的网加以简化，下面的贝也画得更加工整。小篆字形❹，紧承甲骨文和金文字形而来。楷书繁体字形❺。楷书简体字形完全看不出上面"网"的形状了。

《说文解字》："买，市也。从网贝。""市，买卖所之也"，买卖所前往的地方，因此用"市"来解释"买"。关于"从网贝"，许慎引用了《孟子·公孙丑下》中的一段话来说明："古之为市也，以其所有易其所无者，有司者治之耳。有贱丈夫焉，必求龙断而登之，以左右望而罔市利。人皆以为贱，故从而征之。征商自此贱丈夫始矣。"

这段话的意思是：古时候成立市场，拿自己有的东西去交换没有的东西，有专职官员负责管理。有低贱的男子，一定要找一个独立的高地登上去，左右张望想网罗所有的贸易利润。人人都认为他卑鄙，因此向他征税。对商人征税就从这个低贱的男子开始了。"罔"通"网"，"罔市利"正是对"从网贝"最形象的解释。贝是上古时期的货币，因此从"贝"。李白有诗："沉吟此事泪满衣，黄金买醉未能归。"买醉的是黄金，而不再是上古时期原始的"贝"了。

再说"卖"，金文字形❻，这也是一个会意字，下面是贝，上面是一只直视着的大眼睛，会意为将货物展示给人看，以便换取贝。金文字形❼，贝的左边又添加了一只手。这个金文字形在《周礼》中写作"儥"，读作"yù"，兼备买、卖二义，后来被废弃。小篆字形❽，下面就是"买"字，上面从眼睛变成了"出"。楷书繁体字形❾，上面的"出"又讹变为"士"。简化后的简体字完全看不出造字的本意了。

《说文解字》："卖，衒也。""衒"读作"xuàn"，沿街叫卖，将货物炫示于人。这个解释跟金文字形中那只直视的大眼睛的联系是多么紧密呀！徐锴则解释为："货精，故出则买之也。"这一解释点明了为什么"卖"字的上面是一个"出"的缘故。徐灏更进一步解释"买""卖"二字的区别："出物货曰'卖'，购取曰'买'，只一声之轻重。与物美曰'好'，好之曰'好'，物丑曰'恶'，恶之曰'恶'同例。窃谓'买''卖'本是一字，后以其声异，故从'出'以别之。"其义甚明。

"买"和"卖"二字连用甚早，《周礼》中规定"小宰"这一官职的职责之一是："听卖买以质剂。""质剂"，长的书契称"质"，购买牛马时所用；短的书契称"剂"，购买兵器以及珍异之物时所用。质剂即类似于今天的合同，买卖的时候，要用质剂来约束买卖双方，不允许任何一方有欺诈行为。

束

自行束修以上，吾未尝无诲焉（《论语》）

汉字身世小档案

■ "束"字最初只作量词，"十个为束"。

■ 周代有一种奇特的制度，称作"钧金束矢"，是对诉讼双方都收取一定的财产，胜者归还，败者归公。目的是使理直者知道诉讼之不易，使理屈者知道得不偿失，从而有效化解民间的纠纷。

"束"在今天的意思，除了当作"约束"讲之外，更多的是作为量词使用。但是在古代，"束"这个量词代表的数量却是有实指的。

束，甲骨文字形❶，这是一个会意字，会意为用绳结将木柴捆缚起来。金文字形❷，字形变得像一幅画儿，中间的"×"形是捆扎的绳结。金文字形❸，稍加简化，还是突出绳结的形状。金文字形❹，跟甲骨文字形相似。小篆字形❺，回到甲骨文的字形。楷体字形没有任何变化。

《说文解字》："束，缚也。"徐锴说："束薪也。"徐锴解释的才是"束"的本义，许慎所说的"缚"只是引申义。上古时期的婚礼都在黄昏时举行，因此要"束薪"以为照明的火炬，"三百篇言娶妻者，皆以析薪取兴，盖古者嫁娶以燎炬为烛"。后来引申为成婚的代名词，《诗经》中有很多类似的诗句，比如《绸缪》："绸缪束薪，三星在天。今夕何夕，见此良人。"比如《扬之水》："扬之水，不流束薪。终鲜兄弟，维予二人。"《毛传》说："男女待礼而成，若薪刍待人事而后束也。"孔颖达说："言薪在田野之中，必缠绵束之乃得成为家用，以兴女在父母之家必以礼娶之乃得成为室家。薪刍待人事而束，犹室家待礼而成也。"

《论语》中记载了孔子的一句名言："自行束修以上，吾未尝无诲焉。"意思是：凡是自己交来束修的，我没有不教的。"修"通"脩"，干肉。"束修"就是十条干肉，是最微薄的入学敬师的礼物。"束"作为量词，为什么当作"十"的数量呢？郑玄解释说："十个为束，贵成数。""成数"就是整数。我倒以为"束"当作"十"的数量，跟捆缚方式有关，绳子捆得少了容易散，捆得多了又太密太麻烦，捆十道应该是最合适的选择。当然，古时馈赠常用"束修"，用整数"十"也是表达一种圆满之意。

《诗经》中有一首题为《泮水》的诗篇，其中吟咏道："角弓其觩，束矢其搜。""角弓"，用兽角作装饰的硬弓；"觩"（qiú），弓紧绷的样子；"搜"，通"嗖"，象声词。"束矢"到底是多少支箭，其说不一，有说五十支，有说一百支，总之都是"十"的倍数，是由"束"的量词引申而来的。

周代有一种奇特的制度，称作"钧金束矢"，"钧金"指三十斤铜，"束矢"则为一百支箭。大司寇这种官职的职责之一是："以两造禁民讼，入束矢于朝，然后听之；以两剂禁民狱，入钧金，三日乃致于朝，然后听之。""两造"指原告和被告，"讼"指财产纠纷，发生财产纠纷的时候，原被告都要给官府送进"束矢"，一百支箭，然后才能诉说各自的理由。"两剂"指诉讼双方所立的契约，"狱"指刑事罪名，原告以刑事罪控告的时候，原、被告都要给官府送进"钧金"，三十斤铜，三天后才能诉说各自的理由。"束矢"取意于箭之正直，"钧金"取意于铜之坚固。胜诉者归还，败诉者则收入官府。

这项法律的用意在于：怕败诉而不敢送进"钧金束矢"，以免人财两失的，就是自承不直、不坚。清人何琇评价这一制度时说："钧金束矢之制，儒者所疑，此以后世律三代也。"意思是后世官司繁多，故意托以古制，使理直者知道诉讼之不易，使理屈者知道得不偿失，从而有效化解民间的纠纷。

丽

天生丽质难自弃，一朝选在君王侧（白居易）

汉字身世小档案

■ "丽"字本义并不是指美丽。在甲骨文中它是个象形字，一只装饰有两只鹿角的鹿头。

■ "丽"的本义就是结伴、成对的意思。

■ "伉"本义是匹敌、相当，"俪"本义是配偶，"伉俪"即相匹敌的配偶。

■ "丽"还有附着的意思，也可作"数目"解。

① 甲骨文

② 甲骨文

③ 金文

④ 金文

⑤ 小篆

⑥ 楷书繁体

丽，现在最主要的义项就是美丽，但是它的本义却并非如此。甲骨文字形❶，这是一个象形字，一只鹿头上装饰着两只美丽的角。甲骨文字形❷，鹿稍加变化，更突出了两只鹿角。金文字形❸，鹿变形较大，不大看得出鹿的样子了。金文字形❹，跟甲骨文❶的字形几乎一模一样。小篆字形❺，由甲骨文和金文字形演变而来。楷书繁体字形❻，同于小篆。

《说文解字》："丽，旅行也。鹿之性，见食急则必旅行。从鹿丽声。"许慎不仅认为"丽"是形声字，而且说法非常奇特，"鹿之性，见食急则必旅行"的特性不知从何而来，因此而把"丽"字的本义解为"旅行"，很显然与"丽"字的甲骨文和金文字形不符。其实"丽"就是"麗"的古字，最初的"丽"字很像两只鹿结伴而行的样子，后来省写为两只鹿头，不过许慎的解释已经属于引申义了。

"麗"字的本义有两说：一说鹿成对，并驾而行；一说字形上面的两只鹿角并立。两说都可以成立，那么"麗"的本义就是结伴、成对的意思。《小尔雅》解释道："丽，两也。"颜师古解释道："丽，并驾也。"《周礼》中有"丽马一圉"的规定，意思是两匹马养在一个圈里。这个义项后来加了一个单人旁写作"俪"，当"配

偶"解，仍然符合"丽"字的本义：成对。《左传》中说："鸟兽犹不失俪。"意思是鸟兽还不愿意失去配偶呢。《左传》中又有"伉俪"一词，孔颖达解释道："伉俪者，言是相敌之匹偶。"什么是"相敌之匹偶"？《左传·昭公二年》有详细的解说。晋平公的宠妾少姜死了，鲁昭公前往晋国吊唁，到了黄河边，晋平公派士文伯来辞谢，说："非伉俪也。请君无辱。"意思是少姜不是正室，按照礼节不需要鲁昭公亲自来吊唁。孔颖达疏："言少姜是妾，非敌身对偶之人也。""相敌之匹偶"首先是身份相匹敌的夫妻，少姜是妾，当然跟晋平公身份不合，不能称为"伉俪"。"伉"本义是匹敌，相当；"俪"本义是配偶。"伉俪"即相匹敌的配偶。

既为成对、结伴，那么一定会互相依存，因此"丽"引申出附着的意思，比如附丽。由"麗"字的甲骨文和金文字形——鹿头上两只美丽的角，又引申出美丽的意思，长安水边多丽人，天生丽质难自弃，一直延续到今天，成为日常生活中最常用的义项。

"丽"还有一个比较少见的用法，当作"数目"解。《诗经·文王》："商之孙子，其丽不亿。"古人的"亿"指十万，这句诗的意思是说殷商子孙的数目不止十万。这仍然是从"丽"字的本义——

成对、两——引申而来表示数量，属于远引申义。

① 甲骨文

② 金文

③ 金文

④ 小篆

豆

笾豆大房，万舞洋洋（《诗经》）

汉字身世小档案

- "豆"的本义就是一只盛放肉类的高脚器皿，因此在古文中，"豆"字是一只高脚盘的形状。
- "豆"引申为容量单位，四升为一豆。
- 黍、稷、秫、稻、麻、菽（大豆）、苔、大麦、小麦合称"九谷"，是古代最主要的九种农作物。

"豆"在今天只有一个义项，就是指豆子，不管大豆、小豆都用"豆"来指称。但是在古代，"豆"可完全不是这个意思。

豆，甲骨文字形❶，这是一个象形字，像一只高脚盘的形状。金文字形❷，里面很明显盛有东西，但是上面的一横代表什么呢？待会儿我们再讲。金文字形❸，更接近于"豆"字的形状。小篆字形❹和楷体字形都没有什么大的变化。

《说文解字》："豆，古食肉器也。"原来"豆"的本义就是一只盛放肉类的高脚器皿！《周礼·考工记》中说："食一豆肉，饮一豆酒，中人之食也。"则"豆"不仅盛肉类，也可以盛酒。孟子也说过："一箪食，一豆羹，得之则生，弗得则死。"一筐饭，一"豆"带汁的肉，得到就活命，得不到就死亡。都是用的"豆"的本义，"豆"因此引申为容量单位，四升为一豆。

现在我们来看"豆"上面的一横是什么东西。《仪礼·士昏礼》："醯酱二豆，菹醢四豆，兼巾之。""醯"（xī）是醋，"菹醢"（zū hǎi）是肉酱。醋和酱、肉酱盛放在"豆"里，上面要用一块布巾或丝巾盖起来。有的"豆"有盖子，有的"豆"没盖子；没盖子的"豆"用巾盖起来，当然是怕灰尘掉进去，有盖子的"豆"用巾盖起来，

也许是起一种装饰的作用，或者干脆就是学没盖子的"豆"的习惯而已。《士丧礼》中也有笾和豆都要用巾覆盖的规定。这种巾，就是"豆"字字形上面的一横。

笾、豆常常连用，这是祭祀和宴会时常用的两种礼器和食器，木制的叫"豆"，竹制的叫"笾"，瓦制的叫"登"。《诗经》中有一首诗《閟宫》，"閟（bì）宫"是鲁国的神庙，其中写道："笾豆大房，万舞洋洋。"将带汁的肉盛放在笾、豆和俎里面，然后浩浩荡荡地起舞。"俎"（zǔ）也是一种礼器和食器，又称"大房"，是四脚方形的青铜盘或木漆盘，常用来陈设牛羊肉。

据《礼记》记载，关于"豆"的形制，夏代使用的叫"楬豆"，"楬"（jié）是小木桩，楬豆就是不加装饰的木制的豆；殷代使用的叫"玉豆"，用玉装饰的豆；周代使用的叫"献豆"，"献"是稀疏雕刻的意思，"献豆"就是用玉装饰，然后又在柄上加以雕刻的豆。这是夏商周三代"豆"的三种形制。

至于现在的"豆"是豆类的总称，古时候却不一样，"菽"是豆类的总称。再细分的话，大豆叫菽，小豆叫荅（dá）。黍、稷、秫、稻、麻、菽（大豆）、荅、大麦、小麦合称"九谷"，是古代最主要的九种农作物。汉代以后，"荅"字不

常用，就将"豆"借用作"荅"的通假字，用来作为豆类的总称，不管大豆、小豆一概称作"豆"，"菽"的称谓也不再使用，于是"豆"作为礼器和食器的本义就此渐渐失去了。

投我以木瓜，报之以琼琚（《诗经》）报

汉字身世小档案

- "报"是个会意字，其甲骨文字形为一只手从背后使劲儿按住一个被枷铐住半跪着的囚犯，故"报"的本义为报复。
- "当"和"报"都是判决罪人、断狱之意。
- "报"在不同的语言环境中，体现出两种完全相反的含义，既可指报复也可指报恩。
- "报"还是古时一种祭祀的名目。同长辈女性通奸或通婚，称为烝报婚姻。

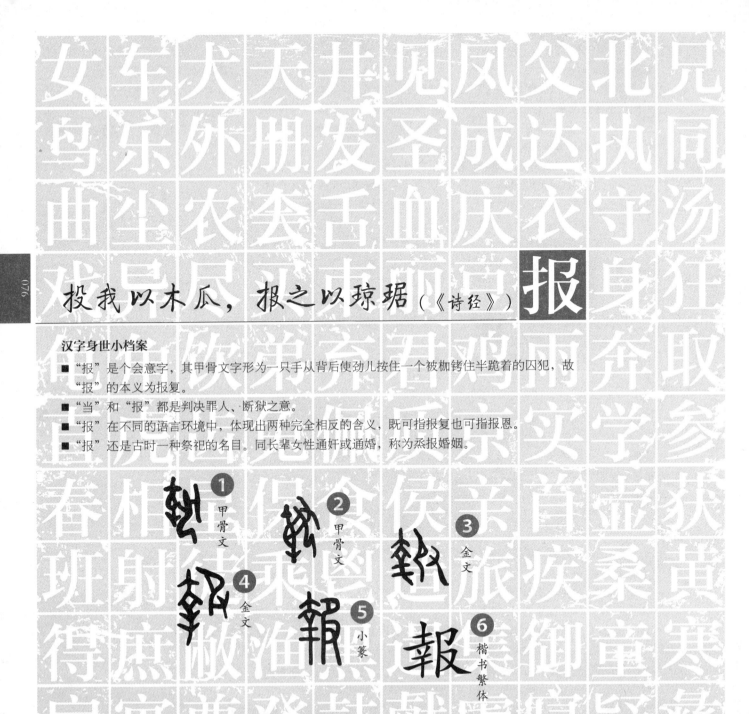

① 甲骨文
② 甲骨文
③ 金文
④ 金文
⑤ 小篆
⑥ 楷书繁体

"报"和本书中的"执"属于同源字，反映了古人造字时相同的思维方式和行为方式，而且都和法律制度有关。

报，甲骨文字形❶，这是一个会意字，由三部分组成，左边和中间的组合，其实就是"执"字的字形，用手枷这种刑具将半跪着的犯人铐起来。最右边是一只手，用手从背后使劲儿按住犯人，令他屈服。白川静先生解释说："手上铐着手枷，身后被手按压下跪，意味着犯罪者被施以报复刑，原义为报复。"甲骨文字形❷，用手按压的姿势更加明显。金文字形❸，最左边的手枷变成了"幸"。金文字形❹，字形相同。小篆字形❺，右边虽略加变形，但仍然可以看得出来用手按压人的形状。楷书繁体字形❻，右边变形得厉害，完全看不出用手按压人的形状了。简体字的左边干脆简化为提手旁了。

《说文解字》："报，当罪人也。""当罪人"即判决罪人。"当"和"报"都是当时的习惯用语，意思相同，都是判决罪人、断狱之意。如"罪当诛""罪当弃市"，这里的"当"不是应当的引申义，而是判决的意思，意为犯的罪按照法律判决为诛或者弃市。这就是"报"的本义，比如"报囚"一词，即是"奏报行决"之意。

汉语中有一个独特的现象，叫作反义同字或者反义同词，一个字或者一个词在不同的语言环境中，体现出两种完全相反的含义。"报"也是如此，既可以指报仇，又可以指报恩；同理，"报复"既可以指报仇，亦可以指报恩。《诗经·木瓜》中的名句："投我以木瓜，报之以琼琚。""投我以木桃，报之以琼瑶。""投我以木李，报之以琼玖。"这里的"报"指报答。"睚眦之怨必报"，这里的"报"则指报仇。

"报"还是古时一种祭祀的名目，如报岁、秋报的称谓。秋天丰收之后要祭神，以报答神灵的护佑，称报岁或秋报。"报"的本义既为判决，那么一定要将判决结果通知犯人，由此而引申出答复、通报、报道的意思，也就是我们今天常用的义项，比如报纸、报晓、耳报神等等。

不过，"报"还有一个鲜为人知的用法："下淫上曰报。"正如报恩、报答等词所示，其中含有下对上尊敬的成分；反之，也可以含有下对上侮辱的成分，因此而引申用于和长辈女性通奸或通婚。我们来看看《左传》中的两处记载。其一："卫宣公烝于夷姜。""夷姜"是卫宣公的庶母（父亲的妾），和父亲的妻妾（生母除外）通奸或通婚，这叫"烝"（zhēng）。其二："文公报郑子之妃。"郑子是郑文公的叔父，和伯叔父的妻妾通奸或通婚，这叫"报"。烝与报，习惯上称之为烝报婚姻。这都是性关系失范时代的典型行为。

大任有身，生此文王（《诗经》）

身

汉字身世小档案

- 《说文解字》："身，躬也，象人之身。"许慎认为这是一个象形字，像的是人躬身的样子。
- 从五代之后，年老妇女多自称"老身"，当是从"身"字的本义"怀孕"而来。
- "二首六身"出自《左传》，是高寿的意思。

① 甲骨文
② 金文
③ 金文
④ 甲骨文
⑤ 小篆
⑥ 小篆

东晋诗人杨方有五首感人的《合欢诗》，其中一首吟咏道："我情与子合，亦如影追身。寝共织成被，絮кого同功绵。暑摇比翼扇，寒坐并肩毡。"情谊深厚。"亦如影追身"的这个"身"字，甲骨文字形❶，《说文解字》："身，躬也，象人之身。"许慎认为这是一个象形字，像的是人躬身的样子。但是这个字形的肚子为什么非得造这么大呢？

我们来看金文字形❷，突出的仍然是人的肚子。金文字形❸，大大的肚子中间还添加了一个点。我认为这个字是一个会意字，是怀孕的女人的形象，会意为怀孕。"孕"字的甲骨文字形❹，跟"身"非常接近，不同的是里面的一点变成了"子"。也有学者认为甲骨文中的"身"和"孕"是同一个字。

《诗经·大明》："大任有身，生此文王。""大任"即太任，周文王母亲的名字；"有身"指怀孕，生下了文王。关于这个"身"字，《毛传》解释道："身，重也。"郑玄笺注道："重为怀孕也。"孔颖达疏："以身中复有一身，故言重。"怀孕身体很重，重得弯下了腰，跟"身"字的字形多么相像！在关于"身"字众多字书的解释中，这三位学者的解释是一致的，这才应该是"身"字的本义。黄花岗七十二烈士之一的林觉民，在著名的《与妻书》中也是这样的

用法："且以汝之有身也，更恐不胜悲，故惟日日呼酒买醉。"

此外，从五代之后，年老妇女多自称"老身"，据《新五代史》记载，后汉皇后李氏有一段诰命，其中说："老身未终残年，属此多难，唯以衰朽，托于始终。"年老妇女自称"老身"，当是从"身"字的本义"怀孕"而来，道理很简单，因为只有女人才会怀孕。从"身"字的本义可以引申出身体、自身、性命等义项，还可以当作量词，《论语·乡党》："必有寝衣，长一身有半。"睡觉时一定要有睡衣，长一身半。小篆字形❺，跟甲骨文和金文区别不大。

古时有个成语叫"二首六身"，今天已经很少使用，当然也就很少有人知道是什么意思了。这是七十三岁的隐语，出自《左传》中一段有趣的故事。

据《左传·襄公三十年》载，晋悼公的夫人是杞国人，于是晋国派人去给杞国修城。悼公夫人为感谢修城归来的人，请他们吃饭。有位绛县老人因为没有儿子，只好自己服这项劳役，但按照规定，年龄大的老人不能服役，有人就怀疑老人的年龄，老人不肯据实相告，就说了这样一段话："我出生那天是正月甲子日，到现在已经过了四百四十五个甲子了，最后一个甲子才过了三分之一。"小吏听

不懂这番话，就去请教朝中大臣。大臣们纷纷卖弄聪明，都不明确解释，乐师师旷说："他七十三岁了。"史赵接着说："亥有二首六身，下二如身，是其日数也。"史赵此话更是打哑谜。士文伯接着说："他出生二万六千六百六十天了。"

我们来看史赵口中的"亥"字，小篆字形❻，上面"二首"，二横为首，象征着二万；下面"三身"，三个"身"字的人字形，"人"跟"六"的字形很像，"三身"因此象征着六千六百六十。合起来，二万六千六百六十就是七十三年。六十日为一甲子，此老自称四百四十四又三分之一甲子，正好是二万六千六百六十天。古人真是有文化啊！

这个故事的尾声是：执政大夫赵武向老人道歉，并任命他为绛县师。后世就把高寿之人称作"绛县老人"，也省称为"绛老""绛人""绛生"，凡是古代诗文中出现这样的称谓，都是指高寿之人。同理，"二首六身"也成为高寿的隐语。

我本楚狂人，凤歌笑孔丘（李白）

狂

汉字身世小档案

■ "狂"是一个会意兼形声的字，甲骨文字形右边是一条凶猛的狗，左边下面是"王"，上面是"止（脚）"，是"往"的本字，会意为狗疯狂地跑到别的地方去。

■ 《汉书·五行志》中有世界上首例关于狂犬病的记载。

■ "狂"的本义是狗发疯，完全是贬义，后演变成理想得不到实现时，就狂放不羁，蔑视流俗的褒义赞美。

① 甲骨文

② 甲骨文

③ 金文

④ 小篆

狂，从字形上来看，毫无疑问跟"犬"有关。许慎等诸多学者都认为这是一个形声字，那么我们来看看"狂"字的各种字形。

狂，甲骨文字形❶，右边是一条凶猛地扑上来的狗，左边这个字符像什么呢？许慎说这是"狂"字的声符，表声，固然不错，但是仅仅靠右边的一个"犬"字，怎么能够表示"狂"的含义呢？白川静先生认为这个字符的下部是象征王位的钺头之形，即斧钺头部之形，上部是"之"字的甲骨文字形。三部分加起来表示：出征前，使者将脚放在神圣的钺头上，以获得非同寻常的灵异之力，因此"狂"指由某种灵力那里获得非凡之力。

白川静先生的解释部分正确，但他的解释却没有涉及"犬"字。我认为"狂"这个字应该是一个会意兼形声的字，根据甲骨文字形❶，右边是一条凶猛的狗；左边下面是"王"，上面是"止（脚）"，是"往"的本字，会意为狗疯狂地跑到别的地方去。许慎误把这个字形左边的上面当作"之"字，误把下面当作"土"字，《说文解字》："之，出也。"本义是生出，滋长。因此把这个字形的左边部分解释为"草木妄生也，从之在土上"，草木从土堆上茂密地生长起来。许慎的解释虽然完全错误，但如果按照他的方式思考下去，倒

也很有意思：草木滋长蓬生，狗扑上来吠叫。狗如果不发疯，它对着土堆上茂密的草木叫什么？因此这还是一条疯狗。甲骨文字形❷，狗的样子不太像。金文字形❸，同于甲骨文。小篆字形❹，狗移到了左边。楷体字形的右边省写作"王"。

《说文解字》："狂，狾犬也。""狾"读作"zhì"，也是指狗发疯，即狂犬。《汉书·五行志》引《左传》："宋国人逐狾狗，狾狗入于华臣氏，国人从之。"这是世界上关于狂犬病的首例记载，"狾狗"就是疯狗。由狗发疯引申到人身上，人的精神失常或者疯癫都称"狂"。《诗经·山有扶苏》："山有扶苏，隰有荷华。不见子都，乃见狂且。""扶苏"，小树的名字；"隰"（xí），低湿之地；"子都"，著名的美男子。这句诗的意思是：山上有扶苏，低洼地有荷花；没有看见美男子，却看见了一个行动轻狂的人。《诗经·褰裳》中也有这样的名句："狂童之狂也且。"朱熹说："狂童犹狂且，狡童也。"这都是引申为人之轻狂顽劣的意思。

孔子曾经说过："不得中行而与之，必也狂狷乎。狂者进取，狷者有所不为也。""中行"指行为合乎中庸之道的人，中庸是孔子理想的最高境界，但是他却找不到行为合乎中庸之道的人与之

交往，只好跟狂者和狷者交往了。"狂者进取"，意思是理想高远，进取心强；"狷者有所不为"，狷者拘谨无为，引申为孤洁。在孔子看来，狂者和狷者是仅次于中庸之道的人，因此他才愿意和这两类人交往。

李白有诗："我本楚狂人，凤歌笑孔丘。"狂人、狂生、狂士，是中国传统文化塑造的典型人格，当理想得不到实现时，就狂放不羁，蔑视流俗，我行我素；"狂"的本义是狗发疯，完全是贬义，却生发出这样的褒义赞美之辞，真是太有趣了！

① 甲骨文　**②** 甲骨文　**③** 金文

④ 金文　**⑤** 小篆　**⑥** 楷书繁体

龟

金龟换酒处，却忆泪沾巾（李白）

汉字身世小档案

- 甲骨文中的"龟"字，龟爪竟然有六只之多。
- 龟因其长寿，所以被古人视作祥瑞的动物，跟龙、麟、凤合称四灵。尤其是白龟，更是瑞物。
- "龟藏六"用来比喻人的才智不外露或深居简出，以免招嫉惹祸，也可以省略作"龟藏"，常见于古诗文中。
- 民间与龟有关的骂人的话起源于春秋时期，因饥饿而出卖妻女者，必须用绿巾裹头，以标明低贱的身份。"绿帽子"的俗语即由此而来。而龟头亦为暗绿色，因此称戴绿头巾者为龟，这就是为什么俗称开妓院及纵妻行淫者为龟的原因。

贺知章死后，李白在《对酒忆贺监》一诗中写道："四明有狂客，风流贺季真。长安一相见，呼我谪仙人。昔好杯中物，翻为松下尘。金龟换酒处，却忆泪沾巾。"并在诗前的小序中回忆道："太子宾客贺公于长安紫极宫一见余，呼余为谪仙人，因解金龟换酒为乐，殁后对酒怅然有怀，而作是诗。"金龟是贺知章佩戴的龟状饰物，以金制成，可见贵重。

龟，甲骨文字形 ❶，这是一个象形字，多像一个侧面朝左的乌龟啊！甲骨文字形 ❷，是一个龟甲朝上的乌龟，但是龟爪很夸张，居然有六条之多！估计是造字的古人一时心血来潮，跟后人开个玩笑。金文字形 ❸，简单又正常的一只龟。金文字形 ❹，栩栩如生，非常漂亮的一只龟。小篆字形 ❺，跟甲骨文字形 ❶ 非常相像。楷书繁体字形 ❻，从小篆演变而来。简化后的简体字一点儿都看不出龟的样子了。

《说文解字》："龟，旧也，外骨内肉者也。""旧"是长久的意思。龟因其长寿，所以被古人视作祥瑞的动物，跟龙、麟、凤合称四灵。尤其是白龟，更是瑞物。庄子曾经讲过一个故事：宋元君半夜梦见有人披着头发在侧门窥视，说："我到河伯那里去，打渔人余且捕获了我。"宋元君醒后让人占卜，被告知这是一只神龟。宋元君问

有没有叫余且的打渔人，还真有，第二天余且来朝见，宋元君问："你捕获了什么？"余且回答说："我捕获了一只白龟，周长五尺。"白龟献了上来，宋元君又想杀掉，又想放生，心中疑虑，占卜，答案是："杀掉白龟来占卜，大吉。"于是剖龟，用它来占卜七十二次，无不灵验。

《尔雅》将龟分为十类：一，神龟，在水曰神龟，最为神明；二，灵龟，一种据说会鸣叫的海龟；三，摄龟，一种喜欢吃蛇的小龟；四，宝龟，用以占卜吉凶；五，文龟，龟甲布满文彩；六，筮龟，潜伏在用以占卜的蓍（shī）草丛下的龟；七，山龟，生于山中的大龟；八，泽龟，生活在大泽中的龟；九，水龟；十，火龟，据说可以吸热的一种龟。

《杂阿含经》中记载有一个有趣的故事："过去时世，有河中草，有龟于中住止。时有野干饥行觅食，遥见龟虫，疾来捉取，龟虫见来，即便藏六。野干守伺，冀出头足，欲取食之。久守，龟虫永不出头，亦不出足。野干饥乏，瞋恚而去。诸比丘，汝等今日，亦复如是。""野干"是一种像狐狸的野兽，想捉龟来吃，没想到龟缩起四爪和头、尾。四爪和头、尾为六，故称"藏六"，"龟藏六"因此用来比喻人的才智不外露或深居简出，以免招嫉惹祸，也可

以省略作"龟藏"，常见于古诗文中。

龟虽是瑞物，但民间却有许多与龟有关的骂人话，比如龟奴、龟儿子。这种称谓起源极早，春秋时期，因饥饿而出卖妻女者，必须用绿巾裹头，以标明低贱的身份。据唐人封演的《封氏闻见录》载："李封为延陵令，吏人有罪，不加杖罚，但令裹碧头巾以辱之，随所犯轻重以日数为等级，日满乃释。吴人著此服出入州乡，以为大耻。""绿帽子"的俗语即由此而来。而龟头亦为暗绿色，因此称戴绿头巾者为龟，这就是为什么俗称开妓院及纵妻行淫者为龟的原因。

① 甲骨文

② 甲骨文

③ 金文

④ 小篆

角

总角之宴，言笑晏晏（《诗经》）

汉字身世小档案

■ 最初的"角"单指牛角和羊角，后来扩大到鹿角和犀角，再后来才泛指一切动物的角，并进一步引申为一切角状的东西。

■ 古人用"总角之交"来比喻儿童时期的玩伴，"总角"的意思是男孩孩童时的发型。

■ "角"还可读"jué"，是古代一种盛酒的酒器。古人饮酒，对于酒器有着严格的等级区分，哪一个等级使用什么样的酒器，是一点儿都不能出错的。

"角"是一个不折不扣的象形字，甲骨文字形 ❶，清清楚楚一只兽角的样子。甲骨文字形 ❷，金文字形 ❸，也都是一只兽角的样子，只不过金文字形将兽角放倒，同时也变得更美观了。小篆字形 ❹，直接从甲骨文和金文延续而来。楷体字形同于小篆。

《说文解字》："角，兽角也，象形。"其实从甲骨文和金文的字形来看，最初的"角"更像牛角和羊角，后来扩大到鹿角和犀角，再后来才泛指一切动物的角，并进一步引申为一切角状的东西也称"角"。其中鹿角和犀角有许多有趣的说法。据《礼记·月令》记载，古人分类很细，麋鹿虽然是一种，但古人认为鹿是属阳的兽，夏至日阳气至极，而阴气开始萌生，故此鹿角感阴气而退落，这叫"鹿角解"；而麋是属阴的兽，冬至日虽然阴气盛极，但阳气萌动，麋感受到阳气而角退落，这叫"麋角解"。至于犀角，郭璞称犀牛形似水牛，有三只角，一只在顶上，一只在额上，一只在鼻子上，鼻子上的角叫作"食角"，因为离嘴最近的缘故。

兽角至为坚硬，古人因此用来制作弓，"皮、毛、筋、角，入于玉府"，筋和角都用来制作弓，因此坚硬的弓又称"角弓"。《诗经》中有一首诗，即名为《角弓》，前两句是："骍骍角弓，翩其反矣。""骍骍"（xīng）是指调和弓弦的样子，"翩其反矣"是指弓张开的时候向内弯曲，松弛的时候向外弯曲。用角弓的这种状态来比喻兄弟和亲戚之间不要互相疏远。

《诗经》中还有一首著名的诗《氓》，其中吟咏道："总角之宴，言笑晏晏。"什么叫"总角"？我们知道古人用"总角之交"来比喻儿童时期的玩伴，儿童把垂下来的头发分成两半，各自在头顶上扎成一个结，形状就像羊角，故称"总角"，"总"是一总聚拢的意思。所谓"男角女羁"，"角"就是指男孩儿的"总角"；女孩儿则叫"羁"，一纵一横，剪成十字形，就像纵横交错的马络头一样，故称"羁"，"羁"就是马笼头或马络头。

"角"还有一个读音"jué"，这个读音的"角"是古代一种盛酒的酒器，用青铜制成，形状像爵但是没有爵上面的小柱和倾注酒的"流"，两尾对称叫"翼"，有盖，用以温酒和盛酒。古人饮酒，对于酒器有着严格的等级区分，哪一个等级使用什么样的酒器，那是一点儿都错不得的。比如《礼记·礼器》中规定："宗庙之祭，贵者献以爵，贱者献以散，尊者举觯，卑者举角。"爵、散、觯（zhì）、角都是酒器，贵、贱、尊、卑，这就是等级。而"色"这个字，本义是脸色，饮酒的时候，不仅要按照等级使用不同的酒器，而且贱者、卑者还要仰承贵者、尊者的脸色，"角色"一词即由此而来，所谓"卑者举角"，因此以"角"来和"色"组合，后来才引申为角色、人物，以至于行当之称，比如戏曲中的丑角、旦角等等。

① 甲骨文
② 甲骨文
③ 金文
④ 金文
⑤ 金文
⑥ 小篆

饮

饮之食之，教之诲之 （《诗经》）

汉字身世小档案

■ 周代有浆人的官职，负责掌管天子的六种饮料，称作"六饮"。

■ 因为"饮"有一个把水或酒含在口中的过程，因此"饮"又可以引申为含、忍之意，如"饮恨"。

■ "饮"作动词时读作"yìn"，意为把水给人或牲畜喝。

"饮"是一个演变极其复杂的汉字，最初写作"龡"，但这个字过于复杂，在漫长的字形演变过程中，将右边改成了"食"，"食"是带盖的食器，里面装的并非饮品，但因书写简便，因此用来会意为饮用。

我们来看"饮"字的初文"龡"。甲骨文字形❶，这是一个会意字，而且会意的过程十分复杂，显示出古人造字时的智慧。左下角是一个酒坛子，右边是一个俯身的人，手掌还伸出去搂着酒坛子，酒坛子上面是这个人伸出的长长的舌头。整个字形会意为从坛中饮酒。甲骨文字形❷，在舌头的上方，多了一只张大的嘴巴。金文字形❸，加以简化，人俯在酒坛子上饮酒，其余部分都省略了。金文字形❹，左边的酒坛子上添加了一只盖子，右边是张大口的人，口中的一横代表舌头。金文字形❺，右边的人形变得更加复杂，写出这个字的古人，大概是想表达迫切想喝到酒的心情吧。小篆字形❻，左边还是带盖的酒坛子，但是右边的人形看得不太分明了。

《说文解字》："龡，歠也。""歠"（chuò）和"龡"同义，都是喝的意思。从字形演变来看，"饮"的本义应该是饮酒，引申为只要可以喝的东西都叫"饮"。周代有浆人的官职，负责掌管天子的六种饮料，称作"六饮"，分别是：水；浆，即酢（cù）浆，一种含有酸味的饮料；醴，甜酒；凉，薄酒；医，即梅浆，梅子的浆汁；酏（yǐ），薄粥。这"六饮"是天子的日常饮料，并不都是酒类。

不管是饮水还是饮酒，都有一个把水或酒含在口中的过程，因此"饮"又可以引申为含、忍之意，比如江淹《恨赋》中有"自古皆有死，莫不饮恨而吞声"的名句，"饮恨"与"吞声"并举，"饮恨"即为含恨之意。"饮泣"是泪流满面以致流进了口中，形容极度悲痛。"饮气"则为忍气之意。

"饮"还有一个比较有趣的义项，"饮"是喝进了肚子里，因此可以引申为没入，比如饮弹身亡是中弹的意思，子弹射进并没入了身体内部。神射手养由基一箭射向石头，"矢乃饮羽"，高诱解释说："饮羽，饮矢至羽。""羽"是箭尾上的羽毛，此箭没入石头直至箭尾上的羽毛，可见臂力之大。

"饮"还可以用作动词，当作动词的时候读作"yìn"，把水给人或牲畜喝，或者用酒食款待客人。《诗经·绵蛮》中有三句这样的诗句："饮之食之，教之诲之。"就是这样的用法。古时的羊贩子有一种欺诈手段，叫作"饮羊"，一大早让羊喝饱水，以便增加重量，后人就用"饮羊"来比喻以欺诈手段做生意牟利。古籍中常见"有饮马长江之志"的说法，在长江边饮马，即将渡江南下进行征伐。这些用法中，"饮"都必须读作"yìn"。

① 甲骨文

② 金文

③ 金文

④ 小篆

弟

采菊投酒中，昆弟自同倾（韦应物）

汉字身世小档案

■ "弟"是"第"的本字，意思是次第，兄弟之间也有先后大小的次第，由此引申出弟弟的意思。

■ 弟弟要敬爱兄长，这叫"悌"（tì），因此"弟"可以通假为"悌"。

■ 难兄难弟原意指兄弟二人的功德都一样高，品行都一样完美，无法像兄和弟一样分出高下。

韦应物有诗："采菊投酒中，昆弟自同倾。""昆弟"也是兄弟之意，但和兄弟的称谓还是有区别。我国古代服丧制度的规格、时间等等是按照严格的亲疏远近来制定的，从重到轻，依次分为斩衰、齐衰、大功、小功、缌麻五种，此之谓"五服"。其中穿斩衰、齐衰、大功三种丧服的兄弟关系称作"昆弟"，穿小功、缌麻两种丧服的兄弟关系称作"兄弟"，"兄弟"比"昆弟"的关系要远一些。

弟，甲骨文字形 ❶，这是一个象形字：中间是"弋"，"弋"是系有绳子的箭；缠绕着"弋"的叫矰缴，是丝做的绳子。这种组合又称"弋缴"，是古代专用的射鸟工具。《说文解字》："弟，韦束之次第也。""韦"是熟过的皮子。用熟皮绳将"弋"捆束起来，就产生了一圈一圈的次第，因此"弟"是"第"的本字。不过商承祚先生认为"弟"是"梯"的本字，一道一道绳索缠绕上去，像用以攀登的梯子。金文字形 ❷，笔画变粗了。金文字形 ❸，绳子缠得更密了。小篆字形 ❹，紧承甲骨文和金文而来。楷体字形彻底失去了原始的形状。

"弟"的本义就是次第，兄弟之间也有先后大小的次第，由此引申出弟弟的意思。按照古代的礼节，弟弟要敬爱兄长，这叫"悌"（tì），因此"弟"可以通假为"悌"。

孝敬父母，敬爱兄长叫"孝弟"，同样可以写作"孝悌"。朱熹解释道："善事父母为孝，善事兄长为弟。"《论语》中说："其为人也孝弟，而好犯上者，鲜矣；不好犯上，而好作乱者，未之有也。君子务本，本立而道生。孝弟也者，其为仁之本与！"意思是：如果为人孝顺父母，敬爱兄长，却喜欢冒犯尊长，这样的人很少见；不喜欢冒犯尊长，却喜欢作乱，这样的人从来没有过。君子致力于根本，根本建立了，仁道自然就有了。孝悌就是为仁的根本啊！可见古人对"孝悌"的重视程度。

《诗经·常棣》中有个至今还在使用的成语："兄弟阋于墙，外御其侮。""阋"读作"xì"，争吵。这个成语的意思是：兄弟们虽然在家里争吵，内部有分歧，但能够一致抵御外人的欺侮。兄弟关系的呈现还有一个成语"难兄难弟"，在今天，"难"读作"nàn"，意思是落难；相应地把同时落难的人称作"难兄难弟"。殊不知在古代，"难兄难弟"的意思刚好相反，"难"读作"nán"，意思就是它的本义，不易、难以的意思。

东汉灵帝时，陈寔（shí）有六个儿子，个个都很贤德，也都很有名望，特别以长子陈纪（字元方）和四子陈谌（字季方）最为杰出，哥俩和老爹被当时人合称为"三君"，赞誉有加。

有一次，陈纪的儿子陈长文和陈谌的儿子陈孝先之间发生了一场争论，两人都夸自己父亲的功德更高，品行更完美，争论不休，谁也说服不了谁，于是二人携手去找爷爷，请爷爷一决高下。陈寔听了二人争论的理由，不由得笑了起来，裁决道："元方难为兄，季方难为弟。"意思是两人的功德都一样高，品行都一样完美，无法像兄和弟一样分出高下。

汉语词汇的变迁真是太有意思了，到了今天，"难兄难弟"不仅读音变了，而且连意思也完全改变了！

① 甲骨文

② 甲骨文

③ 金文

④ 小篆

⑤ 楷书繁体

弃

弃繻频北上，怀刺几西游（王绩）

汉字身世小档案

- 甲骨文"弃"是一个会意字，上面是婴儿"子"，头朝上，"子"两旁的三点表示羊水，中间是一只草筐，下面
  是两只手。整个字形会意为：头上脚下逆产而生的胎儿，要放到草筐里，用手端着去扔掉。在古人看来，
  逆产儿不吉利，因此要扔掉。
- 古代刑罚制度有"弃市"的传统，受刑罚的人要在街头示众，民众共同唾弃。后来"弃市"专指死刑。
- "弃其余鱼"意为节欲知足。

西汉时，济南人终军十八岁就被举荐为博士弟子，前往长安，途经函谷关时，关吏给他一半繻。繻（xū）是帛制的通行证，入关时取得一半，出关时要拿出来跟关吏手中的另一半合为一体。十八岁的终军问清楚用途，慨然道："大丈夫西游，终不复传还。"弃繻而去，后来果然成就了一番事业。王绩有诗："弃繻频北上，怀刺几西游。"就是用的这个典故，年少立大志之典。

弃，甲骨文字形 ❶，这是一个会意字，上面是婴儿"子"，头朝上，"子"两旁的三点表示羊水，中间是一只草筐，下面是两只手。整个字形会意为：头上脚下逆产而生的胎儿，要放到草筐里，用手端着去扔掉。在古人看来，逆产儿不吉利，因此要扔掉。白川静先生则如此解释："古时，有将第一胎遗弃或将其弃于水中看其是否能够浮出水面以决定养育与否的习俗。"甲骨文字形 ❷，字形更复杂，右边好像是编结物，也许是埋葬婴儿的草席。金文字形 ❸，婴儿变成了头朝下，代表死婴，两只手的样子仍然很明显，但是草筐的形状变得异常复杂。小篆字形 ❹，"子"和两只手的形状还看得出来，但是草筐的样子不大看得出来了。楷书繁体字形 ❺，直接由小篆演变而来，不过下面的两只手讹变成了"木"。

《说文解字》："弃，捐也。""捐"也是舍弃、抛弃的意思。周代始祖后稷的名字就叫"弃"，他的母亲在野外因为踩踏了巨人的足迹而怀孕，生下来后以为不祥，就把他扔在陋巷，但是却没有受到伤害，母亲又把他捡了回来，因此名之为"弃"。这是"弃"字最形象化的解释。至于段玉裁解释说"不孝子，人所弃也"，就未免泛道德化了。

古代刑罚制度有"弃市"的传统，《礼记·王制》规定："刑人于市，与众弃之。"受刑罚的人要在街头示众，民众共同唾弃他。"弃市"之后的刑人，"公家不畜刑人，大夫弗养，士遇之途弗与言也。屏之四方，唯其所之，不及以政，亦弗故生也"。这段话的意思是：既然已经"弃"之了，那么官家不能收容，大夫不能育养，士在途中遇到不能跟他交谈。放逐四方，任其所往。虽然不再让他服役交税，但也不欲让他好好活着，放之化外，任其自生自灭而已。后来"弃市"一词就引申而专指死刑。

颜之推在著名的《颜氏家训》中劝诫儿女："谢幼舆赃贿黜削，违弃其余鱼之旨也。"谢鲲字幼舆，西晋名士，因贪污而丢官，颜之推指责他违背了"弃其余鱼"的宗旨。战国时期，惠施担任魏国国相之后，从车百乘，还是不满足，他的朋友庄子看到这种气派，本来在河边捉了很多鱼，这时就把剩余的鱼都放掉了，以此来讽刺惠施的奢侈。"弃其余鱼"因此变为一个典故，形容节欲知足。

① 甲骨文

② 金文

③ 金文

④ 小篆

君

君子之交淡若水，小人之交甘若醴（《庄子》）

汉字身世小档案

- "君"是个会意字，意思是"手持神杖、诵咏祷辞、能够召请神灵降临的巫祝的首长。巫祝的首长拥有统治权，因此氏族的首长谓'君'"。
- 东方朔的妻子叫细君，后来就用作妻子的通称。
- "君子"是儒家学说中的理想人格，儒家对"君子"有很详细的要求。

君王，国君，"君"是怎么演变成这样至高无上的称谓的呢？

君，甲骨文字形❶，这是一个会意字，上部是一只手持着一根杖子，下部是"口"。这根杖子可不是一般的杖，而是神杖，只有神职人员才可以持有。下部的"口"是指用口发布命令。整个字形会意为神职人员传达神的旨意。金文字形❷，"口"被覆盖了。金文字形❸，笔画更粗更美观。小篆字形❹，上部略有变异。

《说文解字》："君，尊也。从尹口，口以发号。""尹"是部落酋长之称，只有他可以握有权杖。白川静先生则认为这个字下部的"口"并非是指嘴巴，而是"置有向神祷告的祷词的祝咒之器"，因此，"君"会意为"手持神杖、诵咏祷辞、能够召请神灵降临的巫祝的首长。巫祝的首长拥有统治权，因此氏族的首长谓'君'"。白川静先生最为卓异之处在于从不把"口"字当作口腔之"口"，而是认作一种祭祀的器具，他自己的术语是"祝咒之器"，里面装有各种祷词。如此一来，"君"就成为一种神职，进而引申为国家的最高统治者，即《尚书》的定义："皇天眷命，奄有四海，为天下君。"

不过，除了国君的义项之外，"君"还有其他特定的称谓。天子、诸侯、卿、大夫，拥有土地的各级统治者都称"君"；夫人也可称"君"；也可称父母为"君"，比如"严君"；妾称夫为"君"；妻子称丈夫为"君"；丈夫称妻子为"细君"，东方朔的妻子叫细君，后来就用作妻子的通称。诸如此类，不再赘述。

"君子"是儒家学说中的理想人格，班固《白虎通》解释道："或称君子何？道德之称也。君之为言群也；子者丈夫之通称也。"王安石解释得更清晰："故天下之有德，通谓之君子也。"孔子曾经总结过："君子有三戒：少之时，血气未定，戒之在色；及其壮也，血气方刚，戒之在斗；及其老也，血气既衰，戒之在得。"在他的心目中，君子有三戒：少年时，血气未定，戒的是女色；等到成年了，血气方刚，戒的是争斗；等到老了，血气已经衰败，戒的是贪得无厌。

孔子还总结过君子有三畏："畏天命，畏大人，畏圣人之言。"在他的心目中，君子还有三畏：敬畏天命，敬畏居上位的人，敬畏圣人之言。君子还有九思，即九种要用心考虑的事："视思明，听思聪，色思温，貌思恭，言思忠，事思敬，疑思问，忿思难，见得思义。"看要看得明确；听要听得清楚；脸色要考虑是否温和；容貌要考虑是否谦恭；说话要考虑是否忠厚诚恳；做事要考虑是否认真谨慎；有疑惑要考虑向人请教；生气时要考虑到后果；遇到可得的利益时，要考虑是否合于义。这些都是儒家对"君子"的要求。

至于"君子之交淡若水"的说法，出自《庄子》一书："君子之交淡若水，小人之交甘若醴。君子淡以亲，小人甘以绝。"郭象注："无利故淡，道合故亲。"因没有利益所以淡，因天性相合所以亲。孔颖达疏："君子之接如水者，言君子相接，不用虚言，如两水相交，寻合而已。"贤者之间的友谊平淡如水，不尚虚华。人们口头上说"君子之交淡如水"，可是很少有人想到后面还跟着一句"小人之交甘若醴"，小人的友谊像甜酒一样甘甜，可这种甘甜却是出于利益的考量，不是出自本心和天性，因此当得到利益或者利益失去之后，立马就会翻脸断交。君子和小人对待友谊的态度从这两句话里可以区分得清清楚楚。

① 甲骨文
② 甲骨文
③ 甲骨文
④ 小篆
⑤ 籀文
⑥ 楷书繁体

鸡

半壁见海日，空中闻天鸡（李白）

汉字身世小档案

■ "鸡"最初是一个象形字，后来变成了个会意字，最终成为了一个形声字。"鸡"
字的演变，非常形象地反映了古人抓到野鸡加以驯化的过程。

■ 鸡的地位曾等同于凤凰，都是用作祭祀的神鸟。

■ 古人把金鸡作为大赦的象征。

南朝文学家任昉所著《述异记》载："东南有桃都山，上有大树，名曰桃都，枝相去三千里。上有天鸡，日初出，照此木，天鸡则鸣，天下鸡皆随之鸣。"因此李白有诗："半壁见海日，空中闻天鸡。"天鸡者，神鸡也。

　　鸡，甲骨文字形❶，这是一个象形字，画得多么惟妙惟肖的一只鸡，还在仰头啼鸣呢！甲骨文字形❷，变成了一个会意字，左边是一只手抓着一根绳子，右边是一只鸡，会意为捉到鸡后拿绳子捆起来带回家，这只鸡的翅膀还扑棱着，竭力挣扎的样子惹人垂怜。甲骨文字形❸，右边手拿绳的样子有些变形，为进一步的字形讹变打下了基础。小篆字形❹，左边正式讹变为"奚"，表声，右边变为"隹"。如此一来，"鸡"又变成了一个形声字。《说文解字》中还收录了一个籀文字形❺，右边是一只鸟儿，鸡未被驯化成家禽之前，原是在山林间自由自在的野鸡。"鸡"的字形演变，非常形象地反映了古人抓到野鸡加以驯化的过程。楷书繁体字形❻，同于小篆字形。简化后的简体字，右边同于籀文字形的"鸟"。

　　《说文解字》："鸡，知时畜也。"鸡是报时的家禽，同时还用作祭祀的牺牲。古时的祭器有鸡彝，是刻画有鸡形图饰的酒尊；还有鸟彝，是刻画有凤凰图饰的酒尊。可见鸡的地位等同于凤凰，都是用作祭祀的神鸟。周代有"鸡人"的官职，专门负责掌管祭祀用的鸡牲。

　　鸡是神鸟，还体现于"金鸡"一词。托名东方朔的《神异经》一书载："扶桑山有玉鸡，玉鸡鸣则金鸡鸣，金鸡鸣则石鸡鸣，石鸡鸣则天下之鸡悉鸣，潮水应之矣。"金鸡还是大赦时所用的仪仗，据《三国典略》记载，南北朝时期，北齐皇帝高湛即位的时候，在南宫大赦天下，掌管大赦事宜的库令在殿门外建了一座金鸡。观礼的宋孝王迷惑不解，就问元禄大夫司马膺之大赦为何建金鸡。司马膺之回答道："《海中星占》这本书上说，天鸡星动，当有赦。因此帝王都以金鸡作为大赦的象征。"

　　按照规定，大赦之日，要竖一根七尺长的竿子，上立四尺长、头上装饰有黄金的金鸡，击鼓千声，将百官、父老和囚徒们召唤到竿下，宣读赦令。李白《流夜郎赠辛判官》诗中有云："我愁远谪夜郎去，何日金鸡放赦回。"流放途中的李白是多么渴望看见那头金灿灿的金鸡啊，金鸡出现，就预示着大赦天下那一日的到来。

　　《海中星占》所说的"天鸡星"又叫瓠瓜星，"瓠（hù）瓜"即葫芦，古时候拿来命名天上的五颗星星。在古代占星体系中，瓠瓜星这五颗星掌管阴谋筹划，掌管后宫，掌管瓜果蔬实。如果瓠瓜星星光明亮，则预示着收成很好；如果星光微弱，则预示着年景不好，帝后失宠。如果瓠瓜星移动了位置，则预示着山体晃动，洪水泛滥，这时就要大赦天下，以上承天意，下顺物情。有趣的是，古人认为"玉衡星散为鸡"。"玉衡"是北斗七星的第五星，这颗星星发出的星光，四散开来就化成了鸡。这可能就是为什么以"天鸡"来命名星星的来历。

① 甲骨文

② 甲骨文

③ 金文

④ 小篆

雨

故人何许？浑忘了江南旧雨（张炎）

汉字身世小档案

■ "雨"字最初读作四声"yù"，作动词用。这是一个象形字，甲骨文字形最上面的一横代表天空，从天空降下六滴雨水。

■ 二十四节气的雨水、谷雨的"雨"都应该读作四声，当动词用。

■ "旧雨新知"指老朋友和新朋友，该典故来源于杜甫一段辛酸的经历："秋，杜子卧病长安旅次，多雨生鱼，青苔及榻。常时车马之客，旧雨来，今雨不来。"

"雨"字最初读作四声"yù"，作动词用，甲骨文字形❶，这是一个象形字，最上面的一横代表天空，从天空降下六滴雨水。甲骨文字形❷，雨下得很"瘦"。金文字形❸，雨水显得更加密集。小篆字形❹，许慎称上面的"一"代表天空，下面的短横代表雨水，中间是覆盖的云层，"水零其间也"，但甲骨文和金文字形中都看不到云层的样子。

《说文解字》："雨，水从云下也。"《周易·小畜》："密云不雨，自我西郊。"云层厚密却不下雨，可见"雨"字最早作动词用，跟"水从云下也"的用法一样。《淮南子·本经训》中有关于汉字造字最原始的记载："昔者仓颉作书，而天雨粟，鬼夜哭。"这里的"雨"也是动词，下雨的意思。东汉学者高诱解释为什么会"天雨粟"："仓颉始视鸟迹之文造书契，则诈伪萌生，诈伪萌生则去本趋末，弃耕作之业而务锥刀之利。天知其将饿，故为雨粟。"意思是说人一识字就会变得狡诈起来，不愿意再从事辛苦的农耕，而去追逐微不足道的利益，上天先"雨粟"，预示着天下人将要挨饿。他接着解释为什么又会"鬼夜哭"："鬼恐为书文所劾，故夜哭也。"意思是人类有了书写工具，就可以把鬼的罪状披露揭发给上天，因此鬼日夜号哭。

"雨"从下雨的本义引申为名词，读作三声"yǔ"，一直到今天都是这个读音，四声的读音在日常生活中彻底废弃了，但其实有些读音是错误的，比如二十四节气的雨水、谷雨的"雨"都应该读作四声，当动词用。

有一句很雅的俗语叫"旧雨新知"，"旧雨"指老朋友，"新知"指新朋友。"新知"容易理解，"旧雨"是什么意思呢？老朋友跟下雨有什么关系呢？

这个典故出自杜甫。杜甫四十岁前后，过的是"朝扣富儿门，暮随肥马尘，残杯与冷炙，到处潜悲辛"的生活。先是到长安应试，落第，然后向贵人投赠，最后才得到一个看守兵器库的小官儿。四十岁这一年，杜甫向唐玄宗献上了《三大礼赋》，得到唐玄宗的赏识，一些趋炎附势之辈认为杜甫前途不可限量，纷纷登门巴结，一时间门庭喧嚣。到了秋天，还是没有杜甫即将做官的消息，杜甫又得了疟疾，卧病在床，贫病交加。秋雨绵绵，过去那些巴结他的"老朋友"再也不登门了，以至门可罗雀。这时，一位姓魏的进士冒雨前来探望杜甫的病情，并告诉杜甫自己即将出外做官，特意来辞行。客人走了之后，杜甫思前想后，非常感动，于是写了一篇《秋述》，讽刺人情冷暖，世态炎凉，又悲叹自己怀才不遇。

在此文开头，杜甫写道："秋，杜子卧病长安旅次，多雨生鱼，青苔及榻。常时车马之客，旧雨来，今雨不来。"意思是说过去下雨的时候那些老朋友也来探望我，而今遇雨却都不来了。这是一句多么沉痛的话啊！

从此之后，"旧雨"就成为老朋友的代称，"今雨"或者"新雨"成为新朋友的代称，如宋人张炎《长亭怨》："故人何许？浑忘了江南旧雨。"

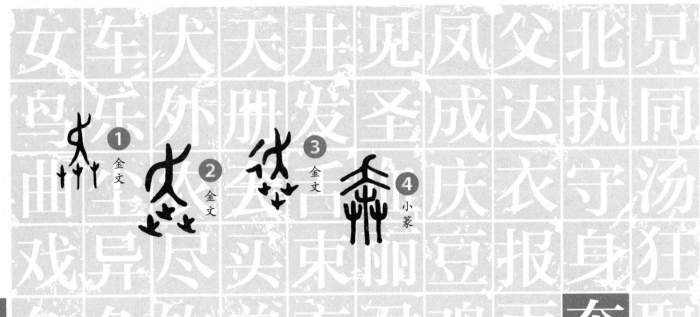

① 金文 ② 金文 ③ 金文 ④ 小篆

余必使尔罢于奔命以死（巫臣）

奔

汉字身世小档案

■ "奔"是一个会意字，本义就是快跑。金文字形上面是一个甩动胳膊的人，下面是三只脚。三只脚并不表示这个人长了三只脚，而是表示他跑得很快，脚步移动的幅度看起来就像很多只脚一样。

■ "仲春之月，令会男女，于是时也，奔者不禁"，意思是这时候男女相会，不必准备纳采、问名、纳吉、纳征、请期、亲迎这六种婚姻过程中的礼节，因此由"奔"引申出嫁娶而礼不备的意思。

■ "奔命"一词本来指奉命奔走，因此"疲于奔命"这个成语的意思原指因受命到处奔走而筋疲力尽，后来泛指忙于奔走应付，弄得非常疲劳。这个成语最早写作"罢于奔命"，出自《左传》。

奔跑的"奔"，金文字形 ❶，这是一个会意字，上面是一个甩动胳膊的人，下面是三只脚。三只脚并不表示这个人长了三只脚，而是表示他跑得很快，脚步移动的幅度看起来就像很多只脚一样。金文字形 ❷，这个人的胳膊伸展得更开了。金文字形 ❸，在这个人的左边又添加了一个"彳"，也是表示在路上行走的意思，但纯属画蛇添足，都有三只脚了还不够？估计是造出这个字形的人还想要跑得更快一些，因而表达自己的急切心情。小篆字形 ❹，虽然没有金文字形形象，但还是能够看出来奔跑的样子，不过下面的三只脚变形得很严重，竟然伪变成了三棵草！这就直接讹变出了楷体字形的"奔"，下面的"卉"就是三棵草的形状，本来是人用脚奔跑，却变成了人在草地上奔跑，真是有趣！

《说文解字》："奔，走也。"《尔雅》中列举了走和跑的各种用字区别："室中谓之时（待），堂上谓之行，堂下谓之步，门外谓之趋，中庭谓之走，大路谓之奔。"在大路上才能跑得起来，因此"奔"的本义就是快跑，引申为"凡赴急曰奔，凡出亡曰奔"，赶赴急事和逃亡都要跑得飞快。

有趣的是"私奔"一词，指女子没有经过正式的结婚礼节，而私自去与男人结合。当作这个义项使用的"奔"字实在太形象了！司马相如琴挑卓文君，挑动了文君的芳心之后，"文君夜亡奔相如"，不光逃到司马相如身边，还要在夜里逃跑，此之谓"奔"也！周代有媒氏这一官职，掌管男女婚姻，"仲春之月，令会男女，于是时也，奔者不禁"，意思是这时候男女相会，不必准备纳采、问名、纳吉、纳征、请期、亲迎这六种婚姻过程中的礼节，因此由"奔"引申出嫁娶而礼不备的意思。

"奔命"一词本来指奉命奔走，因此"疲于奔命"这个成语的意思原指因受命到处奔走而筋疲力尽，后来泛指忙于奔走应付，弄得非常疲劳。这个成语最早写作"罢于奔命"，"罢"和"疲"是通假字，出自《左传·成公七年》。

春秋时期最美丽的女人夏姬被楚国掳走后，楚国大臣子反想纳她为妾，但是被另一位同样觊觎夏姬美色的大臣巫臣设计阻止了。后来巫臣带着夏姬投奔晋国，子反大怒，请求楚共王用重金厚赂晋臣，阻断巫臣的仕途。楚共王是个明白人，说了这样一篇大道理："巫臣为先君尽忠多年，现在虽然因为一己之私犯下大错，但也属人之常情。况且如果他的才能确实能有利于晋国，那即使重金厚赂也没有什么用啊！"

子反焉能咽下这口恶气，遂联合同样与巫臣有隙的子重，灭了巫臣留在楚国的族人。巫臣大怒，从晋国寄了一封信给二人，立下重誓："余必使尔罢于奔命以死！"于是巫臣带着晋国军队到达楚国的盟国吴国，教吴国射术和战阵，自此吴国才开始四处征伐，首先伐的就是楚国；而子重、子反"一岁七奔命"，累都累死了，果然应验了巫臣"疲于奔命"的重誓。

① 甲骨文

② 甲骨文

③ 金文

④ 金文

⑤ 小篆

取

临轩须貌取，风雨易离披（郑谷）

汉字身世小档案

- "取，捕取也。"其甲骨文字形中的"耳"字来源于古代战争后以敌人左耳为计功的凭据的行为。
- "取"是"娶"的古字，因为古时掠夺婚盛行，娶妻需要强力掠取。
- 孔子也曾以貌取人："吾以言取人，失之宰予；以貌取人，失之子羽。"

取得的"取"字为什么左边是个耳朵旁呢？原来跟古代战争后的计功制度有关。

取，甲骨文字形❶，这是一个会意字，左边是一只耳朵，右边是一只手。甲骨文字形❷，耳朵和手的位置互换。金文字形❸，右边手的样子还是栩栩如生，不过左边耳朵的样子不太像了。也许造出这个字的古人看到了一只非常特殊的耳朵，因此印象深刻，才写成了这个样子？金文字形❹，手紧紧地抓住了耳朵。小篆字形❺，左边是"耳"字的雏形。

《说文解字》："取，捕取也。"许慎将它释义为"捕取"，真是跟"取"字的字形太相像了！《周礼》中规定："大兽公之，小禽私之，获者取左耳。"虽然是狩猎时割取禽兽的左耳，但却是模仿战争时的行为，即杀死敌人后，割取敌人的左耳，带回营地，作为计功的凭据。也可以割下敌人的头，称作"首级"。为什么要割取左耳而不是右耳呢？这是因为中原民族以右为尊，战败的战俘或敌人自然被视为低贱，因此割取左耳。

战国时期的兵书《司马法》中说："载献聝。"这是进一步解释"获者取左耳"。"聝"（guó）就是割下的左耳，如果割下的是头，就叫"馘"，读音相同，无非是耳朵旁和首字旁的区别而已。"聝"和"馘"是"取"了之后不同的命名，可见古人对事物的分类是多么细致！

由"取"的本义引申为各种意义上的取得、获取。有趣的是，"取"还是"娶"的古字，古时掠夺婚盛行，娶妻需要强力掠取，可见原始婚姻的血腥程度。因为娶妻称"娶"，所以后来给"取"添加了一个"女"字，专用作娶妻之意。

唐代诗人郑谷吟咏《杏花》诗："临轩须貌取，风雨易离披。""貌取"指描画拿取杏花的形貌。这叫以貌取花，而"以貌取人"却是日常生活中的常态，不过，如果仅仅"以貌"，而忽视了对方的才能或者内在的修养，那可就大大的不该了，故此，"取人"的时候万万不可"以貌"。

不过，即使是至圣先师孔子，也犯过"以貌取人"的错儿。他有一位学生，复姓澹台，名灭明，字子羽，比孔子小三十九岁，是鲁国武城人，长得非常丑陋，额低口窄，鼻梁凹陷。最初拜孔子为师的时候，孔子看到他这副长相不像是能成大器的模样，心里很不乐意收他为弟子，就以才能微薄的名义拒绝了他。澹台灭明受到这番冷遇，更是发奋求学，严谨修行。

后来，澹台灭明在豫章（今南昌）聚徒讲学，从学弟子多达三百人，却仍尊孔子为宗师，传授孔子的学说，培养了一大批品学兼优的学生，成为南方一个有影响的儒学学派，澹台灭明本人也因而贤名远扬于各诸侯国。

孔子听到澹台灭明的名声后，叹息道："吾以言取人，失之宰予；以貌取人，失之子羽。"宰予也是孔子的学生，是弟子中唯一敢于正面对老师学说提出异议的人。比如他曾公开批评孔子倡导的"三年之丧"，认为为父母守丧三年时间太长，天下早就礼崩乐坏了，搞得孔子很不高兴，有一次宰予大白天躺到床上去睡觉，孔子就骂他朽木不可雕也。因此孔子叹息以言取人，则不能重视宰予的优点；以貌取人，又看不到子羽的才能了。

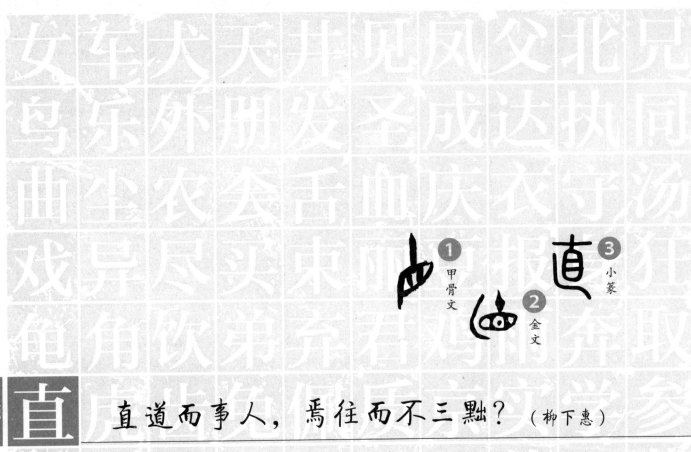

直

直道而事人，焉往而不三黜？ （柳下惠）

汉字身世小档案

- 《说文解字》："直，正见也。"
- 柳下惠不仅有"坐怀不乱"的美德，还坚持"直道事人"的原则。

"直"是中国传统文化中很重要的一个概念，孔子就从不同的角度论述过"直"。我们先来看看它的字形演变。

直，甲骨文字形❶，这是一个会意字，下面是一只眼睛，上面是一条直线，会意为以目视之，视线之直。金文字形❷，在甲骨文字形的基础上，左边添加了一个弧状的字符，这个"乚"(yǐn)的字符，《说文解字》解释说："乚，匿也。"段玉裁解释为"像逃亡者自藏之状也"。金文字形用三个字符来会意，徐锴解释说："乚，隐也。今十目所见是直也。"段玉裁进一步解释说："谓以十目视乚，乚者无所逃也。"小篆字形❸，"目"上面直接写成了"十"。就金文字形而言，"目"上面其实并不是"十"，而是在甲骨文字形一条直线的基础上，添加了一道短横线，用来表示视线所注目之处，因此还是应当以甲骨文和金文字形为准。徐锴和段玉裁都是从小篆字形出发，才把"目"上面的字符解释为"十"，进而有"十目视乚"的附会。楷体字形不仅"乚"不见了，而且"目"中的两横变成了三横，看不出本来的样子了。

不过，关于"直"的甲骨文和金文字形，也有学者有不同的意见。谷衍奎的《汉字源流字典》认为甲骨文字形中，上面的那条直线是标杆，会意为用眼睛正对标杆以测端直之意。而金文中的那个弧状字符是矩尺，以突出测量之意。徐中舒先生则认为金文的弧状字符乃是甲骨文那条直线的伪变。

《说文解字》："直，正见也。"《左传·襄公七年》中有这样的定义："正直为正，正曲为直。""直"和"曲"相对，把弯曲的东西加以矫正叫"直"。由此引申出"直"最常用的义项：正直，公正，不偏私。孔子讲过很多什么是"直"的话，最有名的是："何以报德？以直报怨，以德报德。"这里的"直"指正直之道。如果别人对你有德，你要报之以德；如果别人伤害了你，你不能逆来顺受，忍辱偷生，而是要刚强不屈，采取正直之道去报复仇人。

孔子还说过："吾之于人也，谁毁谁誉？如有所誉者，其有所试矣。斯民也，三代之所以直道而行也。"意思是：我对待别人，诋毁过谁？称赞过谁？如果有我称赞过的人，一定是经过验证才称赞他的。这样的人，就是夏商周三代遵循正直之道而行的人。所谓"直道"，当然是符合孔子定义的各种德行，从柳下惠的遭遇中也可以看出这一定义。

提起柳下惠，人们都知道他是个"坐怀不乱"的好男人，"坐怀不乱"的故事太为人们所熟知了，以至于遮盖住了柳下惠其他方面的光芒。柳下惠其实不姓柳，而是姓展，叫展获，字禽，是春秋时期鲁国人。因为他的封地在"柳下"，死后的谥号叫"惠"，因此人们称他"柳下惠"。

柳下惠曾经在鲁国做过士师的官儿。士师是古代执掌禁令刑狱的官名。当时鲁国的朝政大权把持在权臣臧文仲手中，柳下惠的官职被臧文仲罢免了三次，有人劝柳下惠离开鲁国到别的国家去做官，柳下惠回答道："直道而事人，焉往而不三黜？枉道而事人，何必去父母之邦？"意思是：如果一直按照正直之道、正直的理念做官，到哪个国家不会被罢免呢？如果不按照正直之道、正直的理念做官，那又何必离开父母之邦呢？这就是柳下惠"直道事人"的原则，这个原则是被孔子所赞赏的。

我们回头再看看"直"的金文字形中那个"乚"字，就可以更清楚地明白什么叫"直道"，就是不隐瞒之道。正直之道无需隐瞒，因为就叫"直道"。

① 甲骨文
② 甲骨文
③ 金文
④ 金文
⑤ 小篆

虎

兵散弓残挫虎威，单枪匹马突重围（汪遵）

汉字身世小档案

■ "虎"是一个象形字，在甲骨文和金文中，都是一只鲜活的老虎形象。

■ 汉代时管马桶叫"虎子"，雕刻成老虎的形状。据说飞将军李广射死了一只猛虎，让人用铜制成猛虎状的便器，以示对猛虎的蔑视。唐代时，为避讳唐高祖祖父的名讳，改"虎子"为"马子"。

■ "虎威"，最初是指老虎身上的一块"乙"字形的骨头。

许慎解释"虎"这个字的字形时说："虎足像人足。"这是因为许慎没有见过甲骨文的缘故。如果见了甲骨文，他就不会这样望文生义了。

虎，甲骨文字形❶，这是一个象形字，像一只虎的形状，但笔画比较简单，只有大张的嘴才显出一点儿凶恶的样子。甲骨文字形❷，这个字形就非常像虎的样子了，头、爪、尾俱全，甚至连身上的斑纹都画出来了。金文字形❸，这只虎显得很可爱，不像一只凶兽，倒像一只宠物虎了。金文字形❹，虎爪异常突出。小篆字形❺，不太像虎的形状了，许慎就是根据这个字形对"虎"字加以解释的。楷体字形的下面变形成了"几"，其实应该是"儿"。

《说文解字》："虎，山兽之君。"《玉篇》："恶兽也。"虎乃百兽之王，故有"云从龙，风从虎"之说。有趣的是，汉代时管马桶叫"虎子"，雕刻成老虎的形状。据说飞将军李广射死了一只猛虎，让人用铜制成猛虎状的便器，以示对猛虎的蔑视。据《西京杂记》记载，"汉朝以玉为虎子，以为便器，使侍中执之行幸以从。"皇帝的"虎子"是玉制的，由侍中掌管，皇帝走到哪儿跟到哪儿，内急的时候端过来就用。到了唐代，唐高祖李渊的祖父名叫李虎，为了避讳，把"虎子"改称"马子"。

因为老虎凶猛，先秦时把猛士称作"虎贲"，汉代开始设置有虎贲中郎将的官职，负责保卫皇帝的安全工作。"贲"通"奔"，意思是猛士奋勇向前，就像老虎扑向猛兽一样。又因为老虎是百兽之王，因此引申为凡是能够伤害别物的爬虫类都称"虎"，比如善捕苍蝇的一种蜘蛛称蝇虎，壁虎善捕蝎子，故又称蝎虎。

唐代诗人汪遵有诗："兵散弓残挫虎威，单枪匹马突重围。"俗语也有"冒犯虎威"的说法，"虎威"当然指老虎的威风，后来才用到人身上，比喻英雄气概。不过，鲜为人知的是，"虎威"竟然是老虎身上的一块骨头！

唐代学者段成式在《酉阳杂俎》一书中记载道："虎威如乙字，长一寸，在胁两旁皮内，尾端亦有之，佩之临官佳，无官人所媚嫉。"这块虎骨像一个"乙"字，在腋下至肋骨尽头的虎皮内藏着，尾巴的末端也有，当官的人佩戴着这块骨头，老虎的威风就会附在他身上，没当官的人如果得到这块骨头也佩戴上，大家伙儿就会嫉妒他。清代《儿女英雄传》中的描述更接近白话，意思也因而更清楚："大凡是个虎，胸前便有一块骨头，形如乙字，叫作虎威，佩在身上，专能避一切邪物。"

段成式在同书中还有更加邪门的记载，据他说，荆州陟岵寺有位叫那照的僧人，他最擅长的本领是夜间能够根据野兽眼睛发出的光判断这是一头什么野兽。那照说：如果夜间遇到老虎，会看到三只老虎一起向你扑过来，这其实不是三只老虎，仍然是一只，只不过因为距离太近，老虎纵跃所造成的幻觉。此时不要害怕，瞄准中间的那只老虎狠狠刺去，方才能够刺中。老虎被刺死后，那块叫作"虎威"的骨头就潜入了地下，把它挖出来，佩戴在身上，可以避百邪。老虎刚死时，要牢牢记住虎头所枕的位置，等到没有月亮的夜晚去挖掘，挖到二尺左右，可以发现一块像琥珀一样的东西，是老虎的目光掉进地下所形成的，佩戴它也可以把老虎的能量聚集在自己身上，即显示出"虎威"。

这种说法如此神奇，怪不得当官的都千方百计寻找这块骨头，好在官场上树立起自己的"虎威"呢！

① 甲骨文 ② 甲骨文 ③ 甲骨文 ④ 金文

⑤ 小篆 ⑥ 楷书繁体 ⑦ 甲骨文「龋」

齿

江南不有名儒相，齿泠中原笑未休 (司空图)

汉字身世小档案

■ 古代时，挨着嘴唇的叫"齿"，两颊后面的叫"牙"，绝对不能混淆。

■ 因为人的牙齿的多少跟年龄有关，所以"齿"字还有年龄的意思；也可以引申为排列如齿状的物品，并进而引申为动词。

■ 殷代就有了关于"齿疾"的记载。

■ "齿泠"一词，指露出牙齿嘲笑别人，久而久之，牙齿会感到寒冷，故称"齿泠"。

齿，甲骨文字形 ❶，这是一个象形字，像张大的嘴里有几颗牙齿。甲骨文字形 ❷，白森森的牙齿虽然不如前一个字形中尖利，但是更像牙齿的形状。甲骨文字形 ❸，上面尖利，下面白森森。金文字形 ❹，这是战国时期的文字，在甲骨文字形的上面添加了一个"止"表声，如此一来，"齿"就变成了一个形声字。小篆字形 ❺，直接由金文字形变化而来。楷书繁体字形 ❻，同于小篆。

《说文解字》："齿，口龂骨也，象口齿之形。"口中牙龈上面长出来的骨头叫"齿"。但许慎这个解释并没有说明白"齿"和"牙"的区别。今天把所有的牙都叫作"牙齿"，古代可不一样，古人在造这两个字时赋予了它们不同的分工：挨着嘴唇的叫"齿"，两颊后面的叫"牙"，绝对不能混淆。因此，"唇亡齿寒"绝不能写成"唇亡牙寒"，"唇齿相依"则更形象地描述出了唇和齿的关系。

由"齿"的本义引申为年龄，因为人的牙齿的多少跟年龄有关；也可以引申为排列如齿状的物品，并进而引申为动词——并列，比如"百官以此相齿"，指百官按照这样的次序排列。人生七十古来稀，周代时，老人的年龄到了七十岁，国君就要赐给老人拐杖，凭借这根拐杖，老人可以享有各种各样的特权，以示尊老之意。这根拐杖称作"齿杖"，"齿"即指高龄。

殷代卜辞中就有了关于齿疾的记载，武丁时代一位叫"子"的贵族身患多种疾病，其中就包括齿疾。齿疾最多的当然就是龋齿，俗称虫牙、蛀牙。有趣的是早在甲骨文里就已经有了"龋"字 ❼，一条虫使劲儿往牙缝里钻，我们甚至都能听到牙齿们呼痛的声音！甚至能看到使出吃奶劲儿的蛀虫的汗水！——当然那不是汗水，那是牙痛发作时的口沫。

"齿"不光会痛，还会冷，故有"齿冷"一词，指露出牙齿嘲笑别人，久而久之，牙齿会感到寒冷，故称"齿冷"。"齿冷"的语感比起嘲笑、讥笑、耻笑来要重得多，只有那些极端可耻之事才能用"齿冷"来形容。"齿冷"出自对褚渊的讥讽之辞。

褚渊本是南朝宋国的大臣，还是宋文帝的女婿，宋明帝即位后，同样非常信任他，临终前把儿子刘昱托付给他。几年后，雍州刺史萧道成杀了刘昱，另立顺帝，褚渊居然还推荐萧道成这位弑君之臣担任尚书！后来又积极帮助萧道成代宋建立了齐国。褚渊的行为当时就被人看不起。南齐末年，徐孝嗣是齐武帝的女婿，齐武帝死后，他的皇孙萧昭业继位，萧昭业是个残暴的皇帝，辅政大臣萧鸾于是联手徐孝嗣，准备废掉萧昭业。此时，有位叫乐预的大臣对徐孝嗣说："外面都在传说废立之事，武帝对您可有大恩，况且您又是武帝的女婿，您可千万别参加进去。人笑褚公，至今齿冷。"几十年的时间流逝了，褚渊的行为还在被人"齿冷"，乐预因此警告徐孝嗣不要重蹈覆辙。从此之后，"齿冷"开始进入人们的日常俗语。唐代诗人司空图有诗《南北史感遇》："江南不有名儒相，齿冷中原笑未休。"

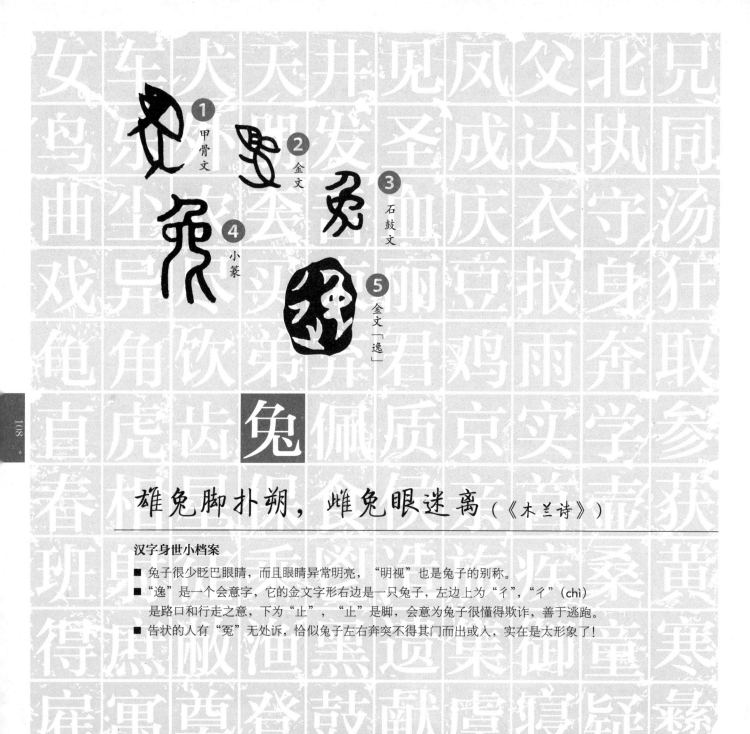

① 甲骨文

② 金文

③ 石鼓文

④ 小篆

⑤ 金文「逸」

兔

雄兔脚扑朔，雌兔眼迷离（《木兰诗》）

汉字身世小档案

■ 兔子很少眨巴眼睛，而且眼睛异常明亮，"明视"也是兔子的别称。

■ "逸"是一个会意字，它的金文字形右边是一只兔子，左边上为"彳"，"彳"（chì）
是路口和行走之意，下为"止"，"止"是脚，会意为兔子很懂得欺诈，善于逃跑。

■ 告状的人有"冤"无处诉，恰似兔子左右奔突不得其门而出或入，实在是太形象了！

在中国古代，排名十二生肖第四位的兔子是一种很神奇的动物，传说月亮中有白兔捣药，因此月亮别称"兔魄"。《木兰诗》中有"雄兔脚扑朔，雌兔眼迷离"的名句，是指雄兔的脚毛蓬松，雌兔的眼睛眯缝着，安静的时候就用这两个特征来区分雌雄；可是"双兔傍地走，安能辨我是雄雌？"，雌雄两兔奔跑起来的时候，哪里还能分辨得清雌雄呢？"扑朔迷离"这个成语即是由此而来。

兔，甲骨文字形❶，这是一个象形字，多像一个面朝左的兔子的样子，豁唇，大眼，长耳，尾巴也清晰可见。金文字形❷，像一只可爱的宠物兔，突出的是大眼和长耳。年代处于金文和小篆之间的石鼓文字形❸，下半部兔子的样子还是很形象，上半部有所变形，看起来似乎是一只竖起来的大耳朵。兔子的耳朵很长，这个字形就像兔子的侧视图。小篆字形❹，在石鼓文的基础上再加以变形，以至于连下半部的样子都不大看得出来了。楷体字形右下角的一点代表长不了的兔子尾巴。

《说文解字》："兔，兽名，象踞，后其尾形。"许慎的意思是说"兔"的字形就像一只蹲着的兔子，后面露出了尾巴的形状。古人关于兔子有许许多多稀奇古怪的传说，比如说兔子没有雄性，望着月中

的玉兔感而受孕，比如说兔有雌雄，但不需交配，母兔舔了公兔的毫毛就能受孕，从口中吐出小兔……诸如此类，都是文人的臆想，当不得真的。

《礼记·曲礼下》说："兔曰明视。"兔子很少眨巴眼睛，而且眼睛异常明亮，故称"明视"。至于有人解释说："兔，吐也。明月之精，视月而生，故曰明视。"则不过仍然是文人的附会而已。孔颖达解释"明视"为："兔肥则目开而视明也。"兔子养肥了，然后用作祭祀宗庙的牺牲，这种兔子才能称作"明视"，取其祥瑞之意，后来才用作兔子的别称。

汉字中凡是含有"兔"字部首的，都和兔子有关系。比如"逸"，金文字形❺，这是一个会意字，右边是一只兔子，左边上为"彳"，"彳"（chì）是路口和行走之意，下为"止"，"止"是脚，会意为兔子很懂得欺诈，善于逃跑。我们看老鹰抓兔子的情形就能更加清楚地理解"逸"这个字。老鹰从空中俯冲下来，兔子左躲右闪，折返跑，转弯跑，种种伎俩都是为了摆脱老鹰的利爪，因此许慎形容兔子为"谩诡善逃"。"谩诡"（màn yí）就是狡黠、欺诈的意思。

再比如"冤"字，下面是一只兔子，上面是覆盖之形，也有人说是房屋之形，也有人说是把

兔子驱赶到林子外面再用猎具罩住。总而言之，这只兔子的命运可谓悲惨，被覆盖住或者罩住后，"益屈折也"，因此"冤"就会意为屈、枉曲的意思。告状的人有"冤"无处诉，恰似兔子左右奔突不得其门而出或入，实在是太形象了！

① 金文

② 金文

③ 小篆

佩

知子之来之，杂佩以赠之（《诗经》）

汉字身世小档案

- "佩"的本义是系在衣带上的玉饰。
- 古代官员的服饰一定要用带来束起，带分革带、大带两种，革带就是皮制的带子，革带在内，佩玉、官印、荷包等都系在革带上。
- "古之君子必佩玉。""凡带必有佩玉，唯丧否。"举办丧事的时候要去掉包括佩玉在内的各种饰物。

"佩"这个字涉及古人佩玉和佩带的一系列规矩，而且这个字最初造出来的时候，也跟玉和带密切相关。

佩，金文字形❶，这是一个会意字，左边是一个人，右上部是盘形的玉，右下部是"巾"，作为装饰。金文字形❷，左边的人转过脸来，面向玉和巾。小篆字形❸，右上部的盘形玉变形为"凡"。

《说文解字》："佩，大带佩也。佩必有巾，巾谓之饰。"本义是系在衣带上的玉饰。《诗经·女曰鸡鸣》是一首夫妻对话的诗篇，面对妻子的关怀，丈夫深情地吟咏道："知子之来之，杂佩以赠之；知子之顺之，杂佩以问之；知子之好之，杂佩以报之。"这里的"杂佩"指连缀挂在一起的各种各样的佩玉。

许慎为什么称"佩，大带佩"呢？这是因为古代官员的服饰一定要用带来束起来，带分革带、大带两种，革带就是皮制的带子，大带是素丝制的带子。革带在内，佩玉、官印、荷包等都系在革带上；大带在外，又叫"绅"。"缙绅"一词的"缙"通"搢"，颜师古说："缙，插也，插笏于绅。""笏"（hù）是朝见时大臣所执的狭长手板，按等级分别用玉、象牙或竹制成，用来记事，免得临时忘了向皇帝禀报的细节。"缙绅"就是将这块手板插在"绅"里。因此许慎说

的"佩，大带佩"其实应该叫作"佩，革带佩"。

《礼记·玉藻》中有关于佩玉的种种规定："古之君子必佩玉。""凡带必有佩玉，唯丧否。"举办丧事的时候要去掉包括佩玉在内的各种饰物。"君子无故，玉不去身，君子于玉比德焉。"因为佩玉较多，比如"杂佩"，一走路就会叮叮当当发出悦耳的声音，这表示"非僻之心，无自入也"，对人不利的邪恶之心，因这种示警般的响动而无法得逞。

东汉学者刘熙所著《释名》一书如此解释"佩"字："佩，倍也，言其非一物，有倍二也。"所谓"倍二"，是指佩玉有两种功能，一种叫"事佩"，一种叫"德佩"。古人认为玉具备了仁、义、智、勇、洁五种德行，平时佩带上玉，表示"于玉比德"，这就叫"德佩"；但是上朝的时候，要用绶带把佩玉打结，不让它们发出声音，以表示要和国君议事，这就叫"事佩"。

《礼记·玉藻》还规定：天子佩白玉，用黑色丝带系玉；公侯佩山玄玉，用朱色丝带系玉；大夫佩水苍玉，用纯色丝带系玉；天子或诸侯的太子佩瑜玉，用青黑色丝带系玉；士佩瓀玟，瓀（ruǎn）和玟（mín）都是似玉的美石，用赤黄色丝带系之。但是孔子比较

特殊，佩戴的是五寸象牙环，用青黑色丝带系之。孔子为什么独独佩带象牙环呢？郑玄解释道："谦不比德，亦不事也。象，有文理者也；环，取可循而无穷。"孔子是圣人，又是教育家，因此既不"德佩"也不"事佩"。孔颖达解释得更清楚："象牙有文理，言己有文章也；而为环者，示己文教所循环无穷也。"

① 金文

② 金文

③ 金文

④ 小篆

⑤ 楷书繁体

质

文质彬彬，然后君子（《论语》）

汉字身世小档案

■ "质"的本义，即抵押。拿物品作抵押以换取钱叫"质"；"以钱受物曰贽"，拿钱作抵押以换取物品叫"贽"。

■ 古代贸易所用的券书也可以称为"质"，这就是今天"合同"的前身。

"质"是一个非常有意思的汉字，其字形的演变也饶有趣味。

质，金文字形❶，这是一个会意字，字形出自春秋末年晋国的"侯马盟书"。右边是"斤"，也就是斧头；左上是"人"字的省写，左下是一只贝。整个字形会意为：持斧头将人扣押起来，以换取"贝"（赎金）。"金文"中还有另外一种写法，即字形❷，左下是一只牛头，盟誓时要使用牛头作祭牲，因此用牛头代替"贝"来会意。金文字形❸，左上部分的"人"变形了，更偏向于"斤"的形状。小篆字形❹，变成了上下结构，而且上面正式定型成了两个"斤"。楷书繁体字形❺，同于小篆。

《说文解字》："质，以物相赘。"这是"质"的本义，即抵押。不过，"质"和"赘"还有细微的区别："以物受钱曰质"，拿物品作抵押以换取钱叫"质"；"以钱受物曰赘"，拿钱作抵押以换取物品叫"赘"。这里的"物"同样可以引申到人身上：用人作抵押以换取钱叫"质"，因此而有"人质"，正好符合"质"的金文字形，后来才用于政治目的的"人质"概念，也称作"质子"；用钱作抵押以换取人叫"赘"，因此而有"赘子"，穷人将儿子抵押、典质给他人，以换取生存必需的食物，三年后如果没有钱赎买，儿子就会沦为奴婢，"入赘""赘婿"的称谓就是由此引申而来。

"质"的本义既为抵押，那么古代贸易所用的券书也可以称为"质"，这就是今天"合同"的前身。长的券书称"质"，购买牛马时所用；短的券书称"剂"，购买兵器以及珍异之物时所用。"剂"为什么也可以作券书呢？这是因为"剂"的本义是剪齐，券书要用刀来裁齐。长短券书合称"质剂"。贾公彦说："判，半分而合者，即质剂、傅别、分支合同，两家各得其一者也。""傅"指用文字来形成约束力，"别"是分别为两半，每人各持一半，合称"傅别"；"分支"是将券书分为二支。"判"是将分为两半的券书合二为一，只有这样才能够看清楚契约的本来面目，现代词汇中的判案、审判、判断、批判等等都是由此而来。"合同"即合为同一件券书。"合同"一词即由此而来。

抵押的行为结束之后，紧接着就是赎买的行为，赎买时就像将两份券书合在一起进行验证的情景一样，因此"质"引申为核对、验证；验证时双方要"对质"，对质时就要发生双方的口角辩驳，又引申出质问之意。"质"是最原始的凭证，因此又引申为本质，当作形容词时意为朴实、朴素、诚信。孔子在《论语》中说过一句著名的话："质胜文则野，文胜质则史。文质彬彬，然后君子。"朴实多于文雅就会显得粗野，文雅多于朴实就会显得虚浮，文雅和朴实兼备，然后才成为君子。"文质彬彬"于是用来形容举止文雅、有礼貌的君子。

① 甲骨文　② 甲骨文　③ 金文　④ 金文　⑤ 小篆

京

殷士肤敏，裸将于京（《诗经》）

汉字身世小档案

- "京"的本义就是很高的土堆，从"绝高"引申出"大"的义项。
- 天子所居，当然是天下最大之城，因此而把一国的首都称作京师、京城、京都。
- "京"还引申为数目字使用。十亿为兆，十兆为京，十京为垓。
- 古代战争中有一个惯例，战胜者为了炫耀，把敌人的尸体收集起来，筑成一座高高的坟堆，这种坟堆称作"京观"。

"京"在现代汉语里的义项，就是指京城、京都，除此之外再无他义。那么，"京"为什么会具备这个义项呢？我们从这个字的演变看起吧。

京，甲骨文字形❶，这是一个象形字，下面是堆得高高的一个土堆，上面加了一个顶，这个顶可以视作瞭望塔，有人在上面守卫，用以远望敌情。也有学者认为像一个拱形的城门。徐中舒先生则认为"象人为穴居形"，下面是垒起的土堆，中间是阶梯，上面是屋顶，下面的一竖是支撑的立木。甲骨文字形❷，下面土堆的模样更加形象。金文字形❸，顶下面添加了两横，像是窗户。金文字形❹，更像一个高高耸起的瞭望塔。小篆字形❺，下面土堆的样子看不出来了，但顶还在。楷体字形的下面变成了"小"字，跟土堆毫无关系了。

《说文解字》："京，人所为绝高丘也。"使用人力建起来的绝高之丘。《尔雅》："绝高为之京，非人为之丘。"这是说不是用人力所建，而是自然所为。《广雅》："四起曰京。"这是说四面耸立起来的土堆叫"京"。综上所述，"京"的本义就是很高的土堆，从绝高引申出"大"的义项。扬雄《方言》："京，大也。燕之北鄙，齐楚之郊，或曰京。"《公羊传》解释"京师"一词为："京师者何？天子之居也。

京者何？大也。师者何？众也。天子之居，必以众大之辞言之。"这就是"京师"一词的来历。同样，"京城"一词的本义也就是大城，"京都"也就是大都。天子所居，当然是天下最大之城，因此而把一国的首都称作京师、京城、京都。

《诗经·文王》中有这样的诗句："殷士肤敏，裸将于京。""殷士"指殷商的臣属；"肤敏"的意思是优美敏捷；"裸"（guàn）可不是裸体的"裸"字，古代凡是"示"字旁的字都跟祭祀有关，裸是一种祭礼，以酒灌地请神叫"裸"，举行裸的祭礼叫"裸将"。这句诗的意思是：周代商之后，殷商诸士都很勤勉，在周的京城里协助举行裸将的祭礼。周的京城叫镐京。

"京"还引申为数目字使用。"千"以前的数目字很小，使用起来很方便，但是"千"以后的数目字，古时候怎么表示呢？依次而为万、亿、兆、京、垓。十亿为兆，十兆为京，十京为垓。因此"京垓"一词就指亿万年的悠长岁月。由此我们也可以理解，为什么京师所在地称作"京兆"，"兆"和"京"都是巨大的数字，极其夸张地形容京师地广人多。管辖京兆（京都）地区的行政长官顺理成章地称作"京兆尹"。

古代战争中有一个惯例，战胜者为了炫耀，把敌人的尸体收集起来，筑成一座高高的坟堆，这种坟堆称作"京观"。春秋时期，晋、楚著名的邲（bì）之战中，楚将潘党劝楚王说："君盍筑武军而收晋尸以为京观？"杜预解释道："积尸封土其上，谓之京观。""观"（guàn）的形制和"阙"相同，都是指高台上的瞭望塔。建立一座高高的京观，对敌人士气的羞辱和打击可想而知，对己方士气的激励也可想而知。

① 金文

② 金文

③ 小篆

④ 楷书繁体

實

實

實

實

实

仓廪实则知礼节 (《管子》)

汉字身世小档案

- "实"是一个会意字，会意为家里藏满了钱粮。
- "口实"今天的意思是借口，但它曾有口中的食物、口中经常议论诵读的内容和口中所含之物的意思。
- 口含之物，根据地位的高低而不同，据刘向《说苑·修文》一文记载："口实曰唅。天子唅实以珠，诸侯以玉，大夫以玑，士以贝，庶人以谷实。"

116

"仓廪实则知礼节，衣食足则知荣辱。"这是春秋时期齐国著名政治家管仲的名言。"仓廪"是贮藏米谷的粮仓，谷藏曰仓，米藏曰"廪"(lǐn)。仓廪实，恰好是"实"这个字字形的形象写照。

实，金文字形❶，这是一个会意字，上面是屋顶，下面是"贝"，古时以贝为货币，中间是什么东西呢？有人说是储物柜，里面的黑点表示储存的东西；有人说是个"田"字，有贝有田，代表有钱有粮。总之，这个字形会意为家里藏满了钱粮。金文字形❷，屋子里面变成了"贯"字，"贯"是用绳子把钱串起来。小篆字形❸，同于金文字形❷。楷书繁体字形❹，没有任何变化。简体字的下面简化为"头"，完全看不出屋子里面藏钱的形状了。

《说文解字》："实，富也。"这是"实"的引申义，本义应为充满，并由此而引申出诚实、事实、种子等等义项；又可以引申为物资、器物，比如古籍中屡屡出现的"军实"一词，指军用器械和粮饷，由此再引申为包括俘虏在内的战果也称"军实"。还有"庭实"，指陈列于朝堂的贡献物品。

最有趣的是"口实"一词，今天都当作借口来讲，但是在古代，这个词有着非常丰富的内涵。

口实，顾名思义，最早的含义应该是口中的食物，语出《周易》中的"颐"卦："观颐，自求口实。""颐"是下巴，吃饭时下巴要咀嚼，因此引申为保养。此卦的意思是：观察研究养生之道，就要看他吃什么食物，拿什么来养活自己。孔颖达："求其口中之实也。"高亨："须自求口中之食物。"《汉官仪》："口实，膳羞之事也。"都是这个意思。因此"口实"又可以引申为俸禄，《左传·襄公二十五年》："臣君者，岂为其口实，社稷是养。"即是此意。

"口实"既为口中的食物，那么口中经常议论、诵读的内容也可以称作"口实"。《尚书·仲虺之诰》："成汤放桀于南巢，惟有惭德，曰：予恐来世以台为口实。"仲虺(huǐ)是成汤的左相，他在这篇诰中说：成汤灭夏，将夏桀流放到南巢这个地方，他思考自己的行为，很惭愧地说：我恐怕后代天天拿我这种行为来议论。孔安国解释道："恐来世论道我放天子，常不去口。""口实"因此引申为话柄，谈笑的资料。又可引申为借口，杜预解释道："口实，但有其言而已。"意思是从口中说出来的，只有这些话而已，并没有什么实质性的行动。

除了以上义项之外，"口实"还有一个最具体的含义，即口中所含之物。何休说："孝子所以实亲口也，缘生以事，死不忍虚其口。"这是古人一项独特的习俗，死者入殓时口中要含着一些东西，所谓"死不忍虚其口"是也。而且这种口含之物，根据地位的高低而不同，据刘向《说苑·修文》一文记载："口实曰唅。天子唅实以珠，诸侯以玉，大夫以玑，士以贝，庶人以谷实。"珠、玉、玑、贝、谷，等级分明。

① 甲骨文
② 甲骨文
③ 金文
④ 金文
⑤ 小篆
⑥ 楷书繁体
⑦ 小篆

学

学而时习之，不亦说乎？ （《论语》）

汉字身世小档案

■ 从甲骨文、金文字形，可以清晰地看出"学"从学舍演变为学习之意的完整过程。

■ 古时小孩子八岁的时候要进入小学，十五岁的时候就要进入大学。西周时，天子所设立的大学叫辟雍，诸侯设立的叫频宫。

■ 学子入学时还有一项如今早已失传的礼仪，叫作"释菜"，是用苹、蘩之属来祭祀先圣先师，祭祀完毕之后，还要跳舞唱歌。

《论语》开篇第一句话就是："学而时习之，不亦说乎？""说"通"悦"。学习后经常去反复钻研，不是很高兴吗？可见孔子对"学"的重视程度。

学，甲骨文字形❶，这是"学"最初造出来的模样，是一个会意字，下面是带有柱子的屋子的形状，上面是交叉的木杆，会意为搭建的供教学用的屋舍。也有人说上面是竹木所制、用于计算的算筹。甲骨文字形❷，在学校屋舍的两旁，又添加了两只手，表示用手辅导、传授的意思。金文字形❸，在甲骨文字形的下面又添加了一个"子"，表示小孩子来到学校的屋舍里学习，小孩子是学习的主体。金文字形❹，右下部又添加了一个"攴"，"攴"读作"pū"，是类似于教鞭的硬树枝，用以鞭策学生勤奋学习。小篆字形❺，同于金文字形。楷书繁体字形❻，仍然能够看出造字的本义。可是简化后上部变形为三点，交叉木杆和双手的形状完全看不出来了。

《说文解字》解释"学"这个字，根据的是金文字形❹演变而来的小篆字形❼，右边带有教鞭："觉悟也。"觉悟也就是学习之后的效果。其实从甲骨文、金文字形，可以清晰地看出"学"从学舍演变为学习之意的完整过程。《广雅·释室》："学，官也。""官"通"馆"，明明白白释义为学馆。

中国古代重视教育，很早就出现了学校，《礼记·王制》中说："小学在公宫南之左，大学在郊。""公宫"指君王的宫殿，小学位于此宫殿以南的左侧；大学则离得远一点，位于郊外。古时小孩子八岁的时候就要进入小学，正如朱熹所说："人生八岁，则自王公之下，至庶人之子弟，皆入小学，而教之以洒扫、应对、进退之节，礼、乐、射、御、书、数之文。"十五岁的时候就要进入大学，正如朱熹所说："及其十有五年，则自天子之元子、众子，以至公、卿、大夫，元士之适子，与凡民之俊秀，皆入大学，而教之以穷理、正心、修己、治人之道。"

学子入学时还有一项如今早已失传，但是非常有趣的礼仪，叫作"释菜"，"菜"指苹（青蒿）、蘩（白蒿）一类的植物，繁殖力旺盛，生长迅速，因此用以祭祀祖先。"释菜"之礼是用苹、蘩之属来祭祀先圣先师，祭祀完毕之后，还要跳舞唱歌。郑玄说："将舞，必释菜于先师以礼之。"可见"释菜"之礼必在舞蹈之前举行。

《礼记·王制》又说："天子曰辟雍，诸侯曰頖宫。"西周时期，天子设立的大学称作"辟雍"。"辟"通"璧"，模仿圆形的璧玉，象征天，修建圆形的校址；又在周围壅塞流水，筑成水池，象征教化如流水一样通行无阻。诸侯设立的大学称作"頖宫"，"頖"通"泮"，都读作"pàn"，指壅塞流水筑成的水池要比天子的小一半，只有南面通水而北边无水，以示等级之别。

① 甲骨文

② 金文

③ 金文

④ 小篆

⑤ 楷书繁体

参

人生不相见，动如参与商（杜甫）

汉字身世小档案

■ "参"是一个会意字，甲骨文字形的下面是一个侧立的人形，头顶是三颗星星，会意为参星高照。

■ 参星在西，商星在东，此出彼没，永不相见，因此用来比喻不和睦，或者亲友彼此隔绝不能相见。

■ 因为三颗星星呈错落不齐之貌，"参"又可以引申为长短、错落不齐之意，而常与"差"连用为"参差"一词，读音为"cēn cī"。

120

"人生不相见，动如参与商。"这是杜甫《赠卫八处士》开篇的名句。"参"是参星，"商"是商星，又叫辰星。参星在西，商星在东，此出彼没，永不相见，因此用来比喻不和睦，或者亲友彼此隔绝不能相见。

据《左传·昭公元年》记载，上古时期，高辛氏有二子，老大叫阏伯，老二叫实沈，都住在旷野的大树林里。兄弟二人不相和睦，每天都是刀枪相见，互相征伐。后来帝尧很生气，就把老大阏伯迁到东边的商丘，命他主管用大火星来定时节的职责，商朝人沿袭了下来，因此大火星称作"商星"；把老二实沈迁到西边的大夏（今太原一带），命他主管用参星来定时节的职责，太原后来属于三晋之地，因此参星称作"晋星"。这就是"参商"比喻相隔绝的来历。

参，甲骨文字形❶，这是一个会意字，下面是一个侧立的人形，头顶是三颗星星，会意为参星高照。为什么用三颗星星来会意呢？这是因为参宿虽然共有七颗星星，但其中最耀眼的三颗连成一线，因此"参"的字形选择了三颗星星。金文字形❷，下面是一个跪着的人形，上面同样是三星照耀。金文字形❸，左下角添加了三撇，代表星星的光芒。朱芳圃先生说："'参'象参宿三星在人头上，光芒下射之形。"

小篆字形❹，同于金文。楷书繁体字形❺，上面看不出星星的样子了。

《说文解字》："参，商星也。"据段玉裁说，这是许慎的手误，应当解释为："参，晋星也。"就是因为高辛氏的二儿子实沈被迁到晋地的缘故。这是"参"的本义，读音为"shēn"。

《诗经·绸缪》中有"三星在天""三星在隅""三星在户"的诗句，此处的"三星"就是指"参"字字形中的那三颗星星，因此"参"可以当作"三"来用，读音即为"sān"。又因为三颗星星并立，这个读音的"参"因此又可以引申为丛立的样子，西晋束皙《补亡诗·华黍》中有"芒芒其稼，参参其穑"的诗句，"芒芒"形容广大、众多，"参参"则形容庄稼一片片丛生并排列出去的样子。

《周礼》中规定，每个诸侯国中要"设其参，傅其伍"，"设其参"是指设立司徒、司马、司空三卿，"傅其伍"是指三卿之下又要设立五位大夫。这里的"参"虽然是指三卿，但因为卿的作用是辅佐诸侯，因此可以引申为参与决策之意，所谓"三相参列"，后世的参军、参谋、参知政事等官职都由此而来，读音为"cān"。

又因为三颗星星呈长短、错落不齐之貌，"参"又可以引申为长短、错落不齐之意，而常与"差"连用为"参差"一词，读音为"cēn cī"。《诗经·关雎》中的名句"参差荇菜，左右流之""参差荇菜，左右采之""参差荇菜，左右芼之"就是这样的用法。

春

① 甲骨文

② 甲骨文

③ 金文

④ 金文

⑤ 小篆

为此春酒，以介眉寿（《诗经》）

汉字身世小档案

■ "春，推也，草春时生也。"许慎认为春天来临的时候，草木"推"开土堆发芽，故称"推"。

■ "春"还可以作为酒的别称。《诗经·七月》中有名句："为此春酒，以介眉寿。"

■ "买春"原为一个极其优雅的古代词语，意思是买酒或赏春光。

少女爱慕异性，称之为"有女怀春"，我们来看看"春"字字形和字义的演变，是怎样具备这个义项的。

春，甲骨文字形 ❶，这是一个会意兼形声的字，共分为四个字符：左右两边是草，左下方是"日"，中间是草根埋在地下的草木发芽了。整个字形会意为日光照射，大地回春，草木生长。中间部分，有学者认为就是"屯"字，乃是"纯"字的初文，或指十字形的木架子上缠了一团线丝，或指垂有穗状物的花边之形。如果这样解释的话，那么"屯"就仅仅表声，不参与"春"字的会意过程。但许慎却解释为："屯，象草木之初生。"中间的圆圈像臃肿的土堆，下部是冬季埋在土堆里面的草根，春天到来，草根艰难地拱破土堆，萌发出上面的一根芽来。按照这种解释，"屯"既表声，同时也参与了"春"字的会意过程，日光照射，草木发芽，这就是春天来临的征兆。甲骨文字形 ❷，四个字符的位置进行了更动。

春，金文字形 ❸，还是这四个组成字符，但是位置发生了较大的变化，"屯"字移到草和日的中间，字形变得更加紧凑。金文字形 ❹，下部的"日"有些变形，是不是写出这个字的古人正饥饿难耐，以至于心不在焉地把"日"写成了"月（肉）"的样子？小篆字形 ❺，跟甲骨文和金文字形相比，没有任何变化。楷体字形除了下面的"日"，别的部分看不出来跟过去字形的联系，也看不出是会意字还是形声字了。

《说文解字》："春，推也，草春时生也。"许慎的意思是说春天来临的时候，草木"推"开土堆发芽，故称"推"。随着春天来临，少女的心也"推"开了冬眠已久的心房，对异性的爱慕也开始发芽，因此称作"有女怀春"，多么形象的比喻！

"春"还可以作为酒的别称。有人误以为从唐代开始人们才把酒别称为"春"，这是因为不了解"春"和酒的关系的缘故。《诗经·七月》中有名句："为此春酒，以介眉寿。""眉寿"指长寿的老人。"春酒"是指冬酿经春始熟之酒，故名"春酒"。

今天已经被滥用的"买春"一词，本来是一个极其优雅的古代词汇，竟然被现代人抹黑成了嫖娼，真是悲哀！晚唐诗论家司空图把"玉壶买春"列入"典雅"一章，现代语言学家郭绍虞先生解释得非常清楚："春有二解：《诗品注释》：春，酒也。唐《国史补》：酒有郢之'富水春'，乌程之'若下春'，荥阳之'上窟春'，富平之'石东春'，剑南之'烧春'。此一义也。杨廷芝《诗品浅解》：春，春景。此言载酒游春，春光悉为我得，则直以为买耳。孔平仲诗：'买住青春费几钱。'杨万里诗：'种柳坚堤非买春。'此又一义也。窃以为二说皆通。"哪里有丝毫下流的含义！

①甲骨文 ②甲骨文 ③金文 ④小篆

相

相鼠有皮，人而无仪（《诗经》）

汉字身世小档案

- "相"有很多个意思，但都由省视、察看的本义引申而来。
- 因为眼睛看到树木等物，因此凡是彼此交接都称"相"，引申出互相、共同的意思，读作"xiāng"。
- 由交接又可以引申出扶助之意，由看到对方的样子又可以引申出相貌之意。这些义项也当作名词使用，读作"xiàng"。
- "相公"本指丞相。"相公"因为是尊称，所以在官本位的中国古代，凡是当官的后来都被称作"相公"，到了清朝，竟然成了男妓的代名词！

"相"是汉语中义项非常多、组词非常丰富的一个汉字，而且有两种读音。但照例本义只有一个，此外所有的义项都是从这一个本义引申而来的。

相，甲骨文字形 ❶，这是一个会意字，左边是一棵树木，右边是一只大眼睛，会意为以目视木。甲骨文字形 ❷，大眼睛移到了树木的上面，因此有人说这个字形就像人爬到树上远眺。金文字形 ❸，树木和大眼睛的样子更加好看。小篆字形 ❹，右边定型为"目"。

《说文解字》："相，省视也。从目从木。《易》曰：'地可观者，莫可观于木。'"许慎引用《周易》中的语句来解释"相"字为何"从目从木"来会意，盖因为树木是地面上最高、最引人注目的物体，虽然眼睛看到的东西很多，但第一眼必定先看到树木，因此"从目从木"，省视、察看就是"相"的本义。《诗经·相鼠》中的名句："相鼠有皮，人而无仪。""相"就是察看的意思，察看到老鼠尚且有皮，人却没有礼仪。

段玉裁说："按目接物曰相，故凡彼此交接皆曰相；其交接而扶助者，则为相瞽之相。"这是"相"的引申义。因为眼睛看到树木等物，因此凡是彼此交接都称"相"，即互相、共同的引申义，比如"相思"就是互相思念。当作这个义项的时候，读作"xiāng"。由交接又可以引申出扶助之意，所谓"相瞽之相"，"瞽"（gǔ）是盲人，相瞽当然就是帮助盲人，宰相、丞相当然就是专门辅助国君的大臣；由看到对方的样子又可以引申出相貌之意。这些义项也当作名词使用，读作"xiàng"。

有趣的是"相公"这个流行于古代小说、戏曲和日常口语中的称谓。"相公"的"相"到底和"相"的本义有什么关系呢？很多辞典都语焉不详，或者知其然而不知其所以然。

"相公"的"相"最早是由丞相的称谓而来。西汉的丞相封侯不封公，东汉的丞相不封侯，到了曹操，以丞相的官职封魏公，因此称为"相公"。王粲《从军行》诗中写道："从军有苦乐，但问所从谁。所从神且武，焉得久劳师。相公征关右，赫怒震天威。"尊称曹操为"相公"，后来就把所有的丞相都敬称为"相公"。

"相公"因为是尊称，所以在官本位的中国古代，凡是当官的后来都被称作"相公"，以至于有学者愤愤不平："今凡衣冠中人，皆僭称相公，或亦缀以行次，曰大相公、二相公，甚无谓也。"

这一对官吏的敬称，到了清朝，竟然成了男妓的代名词！北京、天津一带的传统戏剧将小旦称作"相公"，小旦是由男演员扮演年轻女子，因此小旦一定要长得漂亮，中国历来又有蓄养男色的传统，漂亮的小旦们当然是达官贵人们蓄养的首选。清人徐珂的《清稗类钞》中说："都人称雏伶为'像姑'，实即'相公'二字，或以其同于仕宦之称谓，故以'像姑'二字别之，望文知义，亦颇近理。""像姑"，顾名思义，是形容年轻男子长得像姑娘；而"相公"之"相"，除去丞相的称谓，亦可从本义理解，察看、审视一番这个年轻男子的长相。丑男当然用不着如此细致地审视，能够经得起如此细致审视的，当然就是漂亮的男子，漂亮男子才可做男妓。"相公"和"像姑"，音、义一一对应。

清代《朝市丛载》中收录了一首咏"相公"的诗，非常形象地描绘了这种男妓或者男娼的做派："斜街曲巷趋香车，隐约雏伶貌似花，应怕路人争看杀，垂帘一幅子儿纱。"可不就是"像姑"或"相公"称谓的形象写照！

星

昨夜星辰昨夜风，画楼西畔桂堂东（李商隐）

汉字身世小档案

■ 金、木、水、火、土五大行星称为"星"，"辰"是指二十八宿；又有"三辰"之说，日、月、星合称"三辰"。

■ 古人将恒星视作万物之精华，固定罗列于天空之上。

■ 恒星当然属于吉星，而彗星一类不固定的星星就属于凶星。

■ "小星"是妾的代称。

人们常常习惯说"日月星辰"，比如李商隐的诗："昨夜星辰昨夜风，画楼西畔桂堂东。"其实"星辰"在古人的用法中是有很大的区别的。"星"是统称，如果细分的话，金、木、水、火、土五大行星才能称为"星"，"辰"是指二十八宿；又有"三辰"之说，日、月、星合称"三辰"。不清楚这些区分，有时候是读不懂古籍的。

星，甲骨文字形 ❶，两侧的两个小圆圈代表星星，中间是"生"，草木滋长的样子。关于这个字形是象形字还是形声字，说法不一。认为是形声字的学者说，中间的"生"即是声符；认为是象形字的学者说，两侧的两个小圆圈代表"日"，日为阳精，阳气之精华，阳精分而为星，因此这个字形表示"日生为星"。甲骨文字形 ❷，星星共有五个。金文字形 ❸，上部变为"晶"，但此字中的"日"不是指太阳，而是指星星，"晶"就是"星"的象形，意为众多的星星闪闪发光。小篆字形 ❹，同于金文字形。楷体字形是去掉两个"日"的省写。

《说文解字》："星，万物之精，上为列星。""列星"即排列在天空中定时出现的恒星。古人将恒星视作万物之精华，固定罗列于天空之上。因为星辰众多，所以引申为许多点状物都称作"星"，比如定盘星、准星、一星半点、

五星上将，妇女装饰面颊的美容花点也称作"星"。白发在黑发中很醒目，就像星星在黑暗的天空中闪闪发光，因此又可引申为鬓发斑白，蒋捷《虞美人》词："而今听雨僧庐下，鬓已星星也。"夜空中的星星非常明亮，因此，又将女人明亮的眼睛比喻作"星眼"，"笑开星眼，花媚玉颜"，这是多么美丽的意象啊！

秉承阴阳观念，古人将星星分为吉星和凶星。恒星当然属于吉星，而彗星一类不固定的星星就属于凶星，又称孽星、妖星、变星。明代人认为福、禄、寿三福神属于吉祥之星，称作"三星"，大学士李东阳有《三星图歌寿致马太守》："福星雍容丰且都，翩然骑鹤乘紫虚。禄星高冠盛华裾，浮云为驭鸾为车。寿星古貌长骨颅，渥丹为颜雪鬓须。"

星辰虽然众多，但还有许许多多不明亮的无名小星，古人于是把"小星"作为妾的代称。这一称谓出自《诗经·小星》："嘒彼小星，三五在东。""嘒"（huì）指星光微弱。《毛诗序》如此解说："《小星》，惠及下也。夫人无妒忌之行，惠及贱妾，进御于君，知其命有贵贱，能尽其心矣。"这是政治挂帅的解释，真实情况是妾因为身份低贱，不敢跟主人同床一夜，见星而往，见星而还，免得正房妒忌。《金瓶梅》中西门庆

的正妻名叫吴月娘，恰恰暗示别的妾都是"小星"而已。

① 甲骨文

② 金文

③ 金文

④ 金文

⑤ 小篆

保

岳僧互乞新诗去，酒保频征旧债来（韩偓）

汉字身世小档案

- "保"在甲骨文中是一个会意字，左边是弓着背的人，右边是"子"，会意为把孩子背在背上。
- "酒保"一词出现得非常早，战国时期的《鹖（hé）冠子》一书中就已两次出现。
- 辅佐商朝开国君主成汤的名臣伊尹就曾经当过酒保。
- "保庸"或者"庸保"一词的意思是必须要付给雇佣的人一定的报酬，这样被雇佣的人才会安心工作。

128

古代把酒肆里的伙计称作"酒保"，今天虽然已经不这样叫了，但是古代通俗小说和古装电视剧中常常还有这样的称谓，因此今天的人们对"酒保"这个称谓非常熟悉。

为什么叫"酒保"？"酒保"最早写作"酒人保"或"酒家保"，《史记·季布栾布列传》："穷困，赁佣于齐，为酒人保。"裴骃集解："酒家作保佣也，可保信，故谓之保。"颜师古注："谓庸作受雇也。为保，谓保可任使。"《后汉书·杜根传》："因得逃窜，为宜城山中酒家保。"李贤注："言为人佣力保任而使也。"裴骃、颜师古和李贤的解释都似是而非，无非是说之所以叫"酒人保"或者"酒家保"，是因为受雇于人，可以相信他因而也可以用他为顾客服务。

古代用作"雇佣"这个意思的字眼有很多，比如雇、赁、佣、庸都是这样的意思。不过"庸保"或者"保庸"的称谓更常见，《史记·刺客列传》："高渐离变名姓为人庸保。"《史记·司马相如列传》："（相如）与保庸杂作。"关于"庸保"，颜师古解释道："庸即谓赁作者，保谓庸之可信任者也。"跟上述解释相同，但是仍然没有解释清楚到底为什么叫"保"。

"保庸"一词出现得非常早，《周礼》中统治人民的八种方法之一就有"保庸"："一曰亲亲，二曰敬故，三曰进贤，四曰使能，五曰保庸，六曰尊贵，七曰达吏，八曰礼宾。"这八种统治术分别解释于下："亲亲"是爱自己的亲属，"敬故"是不怠慢故旧，"进贤"是进见贤能之士，"使能"是任用有才能的人，"尊贵"是尊敬贵人，"达吏"是举荐勤劳的小吏，"礼宾"是礼敬宾客。那么"保庸"呢？郑玄解释道："保庸，安有功者。"贾公彦解释得更明白："保，安也；庸，功也。有功者上下俱赏之以禄，使心安也。"

受雇于人的"保庸"或者"庸保"一词即由此而来，意思是必须要付给雇佣的人一定的报酬，这样被雇佣的人才会安心工作。裴骃、颜师古和李贤对"保"字的解释之所以似是而非，是因为他们都没有突出"保"有"安"的意思。

"保"这个字很有趣，甲骨文字形 ❶，这是一个会意字，左边是弓着背的人，右边是"子"，会意为把孩子背在背上。金文字形 ❷，同于甲骨文。金文字形 ❸，这个字形极其美丽，而且令人感动，大人伸出长臂，将孩子呵护在怀里，关爱之情，如在目前。金文字形 ❹，给孩子头上添加了一块玉，表示珍贵之意。小篆字形 ❺，孩子的样子变成了"呆"，完全看不出本来面目了。

《说文解字》："保，养也。"这并非"保"的本义，唐兰先生指出了许慎为什么释义错误："负子于背谓之保，引申之，则负之者为保；更引申之，则有保养之义。然则保本象负子于背之义，许君误以为形声，遂取养之义当之耳。""保"又引申出"安"的意思。

"酒保"这一俗语即紧承"保庸"而来，指老板付给"酒保"报酬，"酒保"方才能够安心为老板工作，才值得老板信任。"酒保"一词出现得非常早，战国时期的《鹖（hé）冠子》一书中已经两次出现："酒保先贵食者。"酒保的天职当然是先招呼照顾食客了。"伊尹酒保"，辅佐商朝开国君主成汤的名臣伊尹就曾经当过酒保。可见"酒保"的来历有多么古老，但从古至今，都没有人彻底讲解清楚过"酒保"这个俗语的真正含义，直到本书问世，这个难题方才宣告解决。

1 甲骨文

2 甲骨文

3 金文

4 金文

5 小篆

食

君子谋道不谋食（《论语》）

汉字身世小档案

■ 甲骨文"食"是一个象形字，下面是一个食器，食器中的一点代表里面装的食物，上面是一个三角形的盖子。

■ "六谷"指稌（tú，稻子）、黍、稷、粱、麦、苽（gū，菰米）。

■ 古人对"食"有非常严格的规定，先秦时期是一日二食，秦汉之后才改为一日三食。

■ "食"还有背弃的意思，如"食言"一词。

■ "三食"不仅指一日三餐，还可以指不肖子弟变卖祖传的庄园、书籍和奴婢度日。

子曰:"君子谋道不谋食。"君子谋虑的是道而不是饭食。食,甲骨文字形❶,这是一个象形字,下面是一个食器,食器中的一点代表里面装的食物,上面是一个三角形的盖子。甲骨文字形❷,食器腹部两侧的两点代表食物多得溢出来了。金文字形❸,食器下面的底座加以简化。金文字形❹,食器下面的底座变得美观了。小篆字形❺,失去了食器的样子,不过底座变得更加美观。

六谷之饭曰食,"六谷"指稌(tú,稻子)、黍、稷、粱、麦、苽(gū,菰米),因此"食"的本义为饭食,名词,后来引申为动词,可以当作"吃"解。古人说:"王者以民人为天,而民人以食为天。"不管古今中外,"食"都是人类最重要的保障,因此在造这个字的时候,我们的先民经常会像甲骨文字形❷一样,让食器中的食物满溢,以至于溢出了食器之外。这是古人朴素的愿望。

古人对"食"有非常严格的规定,据《论语·乡党》载,其中有一条是:"不时,不食。"意思是不到吃饭时间不能"食"。现在我们的生活习惯是一日三餐,但是在先秦时期,则是一日二餐。《孟子》中说:"贤者与民并耕而食,饔飧而治。"饔(yōng)和飧(sūn)都是熟食,区别是早餐称"饔",晚餐称"飧"。有个成语叫"饔飧不继",意思是吃了早饭没有晚饭,形容穷困。早餐近午时分(上午十一点至下午一点)才吃,晚餐申时(下午四点)乃食。殷代甲骨文中有"大食""小食"之别,即早餐、晚餐,这和古人"日出而作,日入而息"的生活习惯是相符的。

秦汉之后,一日二餐制开始逐渐改为一日三餐制。郑玄说:"一日之中三时食,朝、夕、日中时。"早餐叫"朝食",有个成语叫"灭此朝食",意思是歼灭了敌人再吃早饭,以展示英雄气概;午饭叫"昼食";晚饭叫"晡(bū)食",也就是申时吃饭。

"食"还有背弃的意思,如"食言"一词。《康熙字典》:"吐而复吞曰食。"吃下去的食物,吐出来再咽下去叫"食"。在这个字义的基础上,《尔雅》进一步解释道:"言而不行,如食之消尽,后终不行,前言则伪,故通谓伪言为食言。"言而不行,说过的话、做过的承诺却不去实行,就像吃下去的食物消化完了什么都没有了一样。说出口的话是从无到有,消化完了的食物是从有到无;话既出口,本来已经存在了,却又把它吞了下去,最终变得什么都没有了,不就像消化完了的食物一样吗?因此这说出口的话就是伪言,就是食言。

鲜为人知的是,"三食"不仅指一日三餐,还有一个有趣的用法,指不肖子弟变卖祖传的庄园、书籍和奴婢度日。宋人孙光宪在《北梦琐言》中解释了这个有趣的典故:"不肖子弟有三变:第一变为蝗虫,谓鬻庄而食也;第二变为蠹鱼,谓鬻书而食也;第三变为大虫,谓卖奴婢而食也。三食之辈,何代无有。"

① 甲骨文

② 甲骨文

③ 金文

④ 金文

⑤ 小篆

侯

终日射侯，不出正兮（《诗经》）

汉字身世小档案

- "侯"是一个象形字，上侧和右侧是一张兽皮或者布，表示靶子；下面是一支箭，射中了靶子。
- 射侯，是指用箭射靶子。兽皮制成的叫皮侯，布制成的叫布侯。
- 射侯结束之后，凡是射中的要赐酒爵，由此引申为天子赐予封地的就称为"诸侯"。
- 古代的学者们通常认为"侯禳"的"侯"和"候"是通假字，"侯禳"即候嘉庆，祈福祥，却凶咎，宁风旱；还有的说是"候四时恶气禳去之"。

古代爵位封号共五等，分别是公、侯、伯、子、男；分封的各国国君则称作诸侯，"诸"是众多之意，那么"侯"字为什么会作为封号的称谓呢？

侯，甲骨文字形 ❶，这是一个象形字，上侧和右侧是一张兽皮或者布，表示靶子；下面是一支箭，射中了靶子。甲骨文字形 ❷，靶子移到了左侧，箭的样子更像。金文字形 ❸，箭的样子更美观。金文字形 ❹，大同小异。小篆字形 ❺，画蛇添足，在上面添加了一个"人"，表示是人在射箭。楷体字形的"人"移到了左边。

《说文解字》："侯，春飨所射侯也。"所谓"春飨"，是指春季举行的乡饮酒礼，之前要先举行射箭比赛；所谓"射侯"，是指用箭射靶子。兽皮制成的叫皮侯，布制成的叫布侯。据《仪礼》规定："凡侯：天子熊侯，白质；诸侯麋侯，赤质；大夫布侯，画以虎豹；士布侯，画以鹿豕。"天子用熊皮制成的"侯"，白色的质地；诸侯用麋鹿皮制成的"侯"，赤色的质地；大夫和士都用布侯，上面画有虎、豹和鹿、猪的图案。天子和诸侯所用的皮侯上面不画任何装饰，故称白质、赤质。这是根据等级制的严格规定。

《诗经·猗嗟》中的诗句"终日射侯，不出正兮"，指的是射侯时射中的准确程度。这句诗牵涉到一面"侯"上各个位置的不同称谓。据郑玄说："方十尺曰侯，四尺曰鹄，二尺曰正，四寸曰质。""侯"是整个一面箭靶，尺寸为方十尺；"鹄"缩小到四尺，因此而有"鹄的"一词，指箭靶的中心；"正"又缩小到二尺，已经接近于靶心了，故名"正"，"不出正兮"意思就是说箭箭不离这二尺见方的靶心；但射中"正"的还不能称作神射手，因为还有四寸见方的"质"，这才是整张"侯"的最中心，也才是整张"侯"的本质。

白川静先生解释"侯"字的见解照例很别致，他认为"侯"不是象形字，而是会意字。甲骨文和金文字形的上部不是兽皮或布，而是房檐的形状，人在屋顶下面放箭，是一种驱除邪灵的仪式，这种仪式叫作"侯禳"。"禳"（ráng）是一种祈祷消除灾殃、去邪除恶的祭礼。我国古代的学者们通常认为"侯禳"的"侯"和"候"是通假字，"侯禳"即候嘉庆，祈福祥，却凶咎，宁风旱；还有的说是"候四时恶气禳去之"。

射侯结束之后，凡是射中的要赐酒爵，由此引申为天子赐予封地的就称为"诸侯"。这就是"侯"这个封号的来历，也因此有"侯爵"的称谓，同样指五等爵位的第二等：侯。这样的严格规定到了后世开始变得混乱，凡是有官职的士大夫都可以尊称为"侯"，比如"侯门"用来泛指富贵人家，侯门一入深似海，其实早已失去了封侯才能称"侯"的原意。

① 甲骨文

② 金文

③ 金文

④ 小篆

⑤ 楷书繁体

亲

亲朋无一字，老病有孤舟（杜甫）

汉字身世小档案

- 古代亲戚关系中有"六亲"一词，"六亲"到底指哪六种亲戚关系，则说法不一，一说为父、子、兄、弟、夫、妇，一说为父、母、兄、弟、妻、子，一说为父子、兄弟、姑姊、甥舅、婚媾、姻娅……
- 联姻的双方父母互称"亲家"，去声读作"qìng"。这一称谓从东汉开始。

古代亲戚关系中有"六亲"一词，"六亲"到底指哪六种亲戚关系，则说法不一，一说为父、子、兄、弟、夫、妇，一说为父、母、兄、弟、妻、子，一说为父子、兄弟、姑姊、甥舅、婚媾、姻娅……还有别的种种说法，非常烦琐，不再赘述。不过，从"六亲不认"这一成语来看，那么"六亲"的概念应该越宽泛越能显示出此人或铁面无私或人情冷漠之达于极端。

亲，甲骨文字形 ❶，这是一个会意字，外面是屋子的形状，屋子里面的两个组成字符会意为什么，则众说纷纭。右边是一个人，看得很清楚，众说纷纭的就是左边这个字符。从形状上来看，下面是"木"，上面是"辛"，"辛"是古代施肉刑的一种刀具，这种肉刑叫"黥"（qíng），用刑刀在犯人脸上刻字，再用墨涂，墨迹就会深陷进肉里，作为犯人的标识。徐中舒先生则认为"辛"表声，下面的"木"和右边的"斤"会意为以斤（斧子）伐木。

白川静先生的看法最为独特，他认为"辛"是带把手的大针，向"木"投出大针，投中的"木"就选来制作成祖先的牌位，右边的这个人躬身向牌位祭拜，这就叫"亲"。白川静先生的看法很有道理，因为在中国古代，"国之大事，在祀与戎"，祭祀和战争同等重要。而且"亲"的字形上面还有一间屋子，在屋子里向祖先的牌位祭拜，也很符合这个字形的样子。牌位首先是父母的牌位，因此"亲"会意为父亲、母亲之意。

亲，金文字形 ❷，上面的屋子去掉了，右边的人突出了大眼睛，左边依旧不变。根据这个字形以及后面的小篆字形，我倒倾向于从日常生活的角度来猜测"亲"的本义。"辛"是一把刑刀，固然不错，但是否也可以作为人们的日常器具使用呢？父母拿着这把刀在砍伐薪木，可以想见非常劳累，儿子还小，从家里赶来探望，躬下身趋近于父母，表示安慰之意，大约也能够说得通。我们来看许慎在《说文解字》中的解释："亲，至也。"段玉裁进一步解释道："到其地曰至，情意恳到曰至。父母者，情之最至者也，故谓之亲。"这种解释更接近于我的解释，即儿子前来恳挚地安慰劳累的父母。不过也有人解释为前往狱中探视受刑的亲人。

亲，金文字形 ❸，上面又出现了屋子的形状，同于甲骨文字形。按照我的解释，这个字形可以会意为父母从外面劳作归家，儿子趋近问安。小篆字形 ❹，左边"辛"和"木"的组合更加清楚。楷书繁体字形 ❺，左边发生了变异。"亲"则是俗体字，省掉了右边的"见"，这个俗体字饱受诟病，网络上也曾用"亲不见"来加以嘲讽。

"亲"很早的时候就有平、去两种读音，去声读作"qìng"，联姻的双方父母互称"亲家"。这一称谓从东汉开始，一直延续到今天。贵为皇帝，唐玄宗也使用过这一称呼。名相萧嵩的儿子萧衡娶了新昌公主为妻，萧嵩的妻子贺氏入宫拜见皇帝，唐玄宗金口玉言称贺氏为"亲家"，又称她"亲家母"，足见跟萧家关系之亲密，对萧家之宠幸。因此唐代诗人卢纶在诗中艳羡地写道："人主人臣是亲家，千秋万岁保荣华。"

① 甲骨文
② 金文
③ 金文
④ 金文
⑤ 小篆

首

鸟飞反故乡兮，狐死必首丘（屈原）

汉字身世小档案

■ "首级"来源于商鞅变法时设立的军功制。一首一级，后来干脆简称作"首级"。

■ 古时候的国君和现代的国家最高领导人都称"元首"，"元"也是头的意思。这一称谓在周代就已经出现。

■ 怀念故乡或者归葬故乡都称"首丘"。

■ "面首"最早指健美的男子，后来才衍生出男宠的义项。

"首"这个字最奇特的义项是告发，比如出首、自首。"首"明明是头颅，怎么会具备这个义项呢？

首，甲骨文字形 ❶，这是一个象形字，像人的头部，中间的圆点是眼睛，头上有三根头发。金文字形 ❷，下面变成了一只眼睛"目"，上面的三根头发历历可数。金文字形 ❸，更加美观。金文字形 ❹，头部的样子更像，突出的仍然是眼睛和头发。小篆字形 ❺，下面正式演变为"目"。楷体字形头上的三根头发发生了变异，看不出"目"上面头发的样子了。

《说文解字》："首，头也。""首"的本义就是头。商鞅辅佐秦孝公变法时，为了奖励军功，设置了二十等爵制，即根据军功的大小授予爵位，官吏从有军功爵位的人中选用。据《汉书》载："商君为法于秦，战斩一首赐爵一级，欲为官者五十石。"意思是战争中斩一个敌人的头颅授予一级爵位，做官的话可做五十石之官；斩两个敌人的头颅授予二级爵位，做官的话可做百石之官……以此类推。一首一级，后来干脆简称作"首级"。首级制度直到北宋才彻底废除。

古时候的国君和现代的国家最高领导人都称"元首"，"元"也是头的意思。这一称谓在我国周代就已经出现。头指国君，那么头以下的胳膊大腿就顺理成章地用来指辅佐国君的大臣，这就是"股肱（gōng）"一词。葛洪在《抱朴子》中说："远取诸物，则天尊地卑，以著人伦之体；近取诸身，则元首股肱，以表君臣之序。"

据古人说，狐狸虽然是微小的兽类，但对自己藏身的丘窟却念念不忘，死的时候，一定要把头朝向丘窟，表示不忘本。后人遂以"狐死首丘"比喻不忘本或对乡土的思念，怀念故乡或者归葬故乡都称"首丘"。因此屈原吟咏道："鸟飞反故乡兮，狐死必首丘。"

当作男宠的"面首"这一俗语，本指脸和头，引申为容颜、面貌。不过"面首"最早可是指健美的男子，宋孝武帝有一次出去打猎，"选白衣左右百八十人，皆面首富室"，没有任何贬义。刘宋王朝时，皇帝刘子业为姐姐山阴公主"置面首左右三十人"。请注意，这里的全称是"面首左右"。这句话经常被人断句为："帝乃为主置面首，左右三十人。"吕叔湘先生早就指出这样断句是错误的，"面首左右"类似于一种职称，"以'某某左右'为侍从的职名，创于江南，延及北朝"。皇帝赏赐给姐姐的男宠当然要由朝廷供养，也要有一定的官衔或者职称，故称"面首左右"，后来才省作"面首"。胡三省解释道："面，取其貌美；首，取其发美。"从山阴公主之后，"面首左右"这个高级职称简化成了"面首"，成为所有男宠的代称。

"首"的本义是头，"自首"就是自己主动把头伸出去认罪，多么生动形象！当然这是远引申义，其间经过了漫长的语义演变。

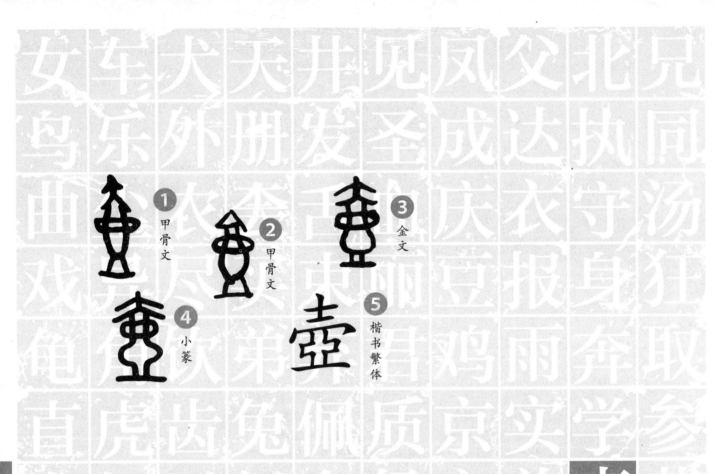

① 甲骨文

② 甲骨文

③ 金文

④ 小篆

⑤ 楷书繁体

壶

击筑落高月，投壶破愁颜（李白）

汉字身世小档案

■ 饮宴之时，卿、大夫、士这几个阶层要使用方壶，取其公正端方之意；士兵阶层要使用圆壶，取其驯顺听命之意。

■ "方丈"意即道长。原是道教的称谓，佛教传入中国后，借用了这一称谓。

■ 投壶是饮宴时的娱乐活动，宾主依次用没有箭头的箭矢投向盛酒的壶口，以投中多少决胜负，胜者罚负者饮酒。古人认为投壶是各种游戏中最古雅的一种。

壶是中国人最常用的器具之一，就像尊、爵等古代器具一样，不仅在形制上多种多样，而且在礼制上也有许多严格的要求。

壶，甲骨文字形 ❶，这是一个象形字，活脱脱就是一只壶的形状，壶盖、壶腹、壶足都画得清清楚楚，中间的圆环形则是环绕壶身的花纹。甲骨文字形 ❷，壶盖的形状略有变化。金文字形 ❸，小篆字形 ❹，都没有任何变化。从甲骨文和金文字形来看，"壶"的形制当为深腹敛口的圆形器具。楷书繁体字形 ❺，壶盖和壶口处加以讹变，下面壶腹的形状还能看得出来。简化后的简体字，下面变成了"业"，壶腹的形状完全消失了。

《说文解字》："壶，昆吾圜器也。"昆吾氏是夏、商的一支部落，擅长制陶和冶金，包括壶在内的很多器具都是昆吾氏所制。一开始的时候，壶都是圆形的，所谓"圜器"，后来也加入了方形。饮宴之时，卿、大夫、士这几个阶层要使用方壶，取其公正端方之意；士兵阶层要使用圆壶，取其驯顺听命之意。

很多人都知道海中有三座神山，名为方丈、蓬莱、瀛洲，但是鲜为人知的是，这三座神山全都状如壶形，因此又称方壶、蓬壶、瀛壶，合称"三壶"。蓬、莱都是草名，可见此神山草木之茂盛。瀛是海，瀛洲即海中的神山。方丈之名最为有趣，大致有两种说法，一种说法是人心方寸，天心方丈，故称"方丈"；另外一种说法是"方"者，道也；"丈"者，长也，对长辈的尊称，"方丈"意即道长。这是道教的称谓，佛教传入中国后，借用了这一称谓，可是今天的人们只知道佛教"方丈"，而不知道道教的"方丈"了。从"方丈"之名也可看出此神山确为壶形。

李白有诗："击筑落高月，投壶破愁颜。"在古人看来，投壶是各种游戏中最古雅的一种，《礼记》甚至为投壶这种游戏专门列了一章，来讲述投壶的各种礼仪。简而言之，投壶是饮宴时的娱乐活动，宾主依次用没有箭头的箭矢投向盛酒的壶口，以投中多少决胜负，胜者罚负者饮酒。投壶是源自于射礼的一种游戏。

《左传·昭公十二年》讲述了一则有趣的"投壶"故事。晋昭公和齐景公饮宴，中行穆子相礼。投壶的时候，晋昭公先投，中行穆子说："有酒如淮，有肉如坻。寡君中此，为诸侯师。"有酒如淮水，有肉如高丘，我国君要是投中，就能统帅诸侯。晋昭公果然投中。齐景公拿起箭矢，说道："有酒如渑，有肉如陵。寡人中此，与君代兴。"有酒如渑水，有肉如山陵。我要是投中，代君而兴盛。也投中了。晋国另一位大臣伯瑕对中行穆子说："您刚才说的话不恰当。我们本来就已经统帅诸侯了，壶有什么用，投中有什么可稀罕的？如此一来齐君一定认为我国国君软弱，回去后就不会再来了。"中行穆子反驳道："我军统帅有力，士卒争先，今天就像从前一样强大，齐国能做什么呢！"这则"投壶"故事可视作晋、齐争霸的外交试探。

① 甲骨文

② 金文

③ 金文

④ 小篆

⑤ 小篆

⑥ 楷书繁体

获

彼有不获稚，此有不敛穧（《诗经》）

汉字身世小档案

- "获"是一个会意字，最早的古字其实就是"隻"，上面是"隹"，下面是一只手，会意为用手捕鸟。
- 捕猎禽兽称"獲"，收割庄稼称"穫"，汉字简化的时候合而为一，都用"获"来表示了。
- "获"由猎得的禽兽还可引申而为女奴之意。

获，甲骨文字形 ❶，这是一个会意字，最早的古字其实就是"隻"，上面是"隹"，下面是一只手，会意为用手捕鸟。金文字形 ❷，同样是用手捕鸟的样子。金文字形 ❸，有所变化，上面是一只类似猫头鹰的猎鹰，双耳高高竖起，下面仍然是一只手，会意为手持猎鹰去捕猎。小篆字形 ❹，左边又添加了一只犬，如此一来，从使用猎鹰捕猎发展到同时也使用猎犬捕猎。楷书繁体字形 ❻，没有任何变化。简体字把鸟儿或者猎鹰的形象简化掉了。

《说文解字》："获，猎所获也。"这是解释"获"字为什么从犬。随着农业生产的发展，古人也用"获"来表示庄稼的收割，但是收割庄稼却不能再使用"犬"字旁了，于是古人后来又另造了一个字，把"犬"字旁换成了"禾"字旁，来表示收割庄稼，这就是小篆字形 ❺。《说文解字》："穫，刈谷也。"割草叫"刈"（yì），收谷叫"穫"。《诗经》中有一首题为《大田》的诗，其中吟咏道："彼有不获稚，此有不敛穧。"此处的"获"即是收割庄稼的"穫"，"稚"是幼禾，"穧"（jì）是已割还没有来得及捆起来的禾把。这句诗的意思是：那里的幼禾还没有收割，这里的禾把还没有捆起。

有趣的是，《尔雅·释诂》中还有这样的区分："馘、穧，获也。""馘"（guó）是"军战断耳也"，在战争中，割取敌人的左耳，用以计数报功。《周礼》中规定："大兽公之，小禽私之，获者取左耳。""馘"即是由此引申而来。"馘"和"穧"都是"获"，但"穧"则专指收割庄稼，可见古人对事物的分类是多么细致！

汉字简化的时候，把捕猎禽兽的"獲"和收割庄稼的"穫"合而为一，都用"获"来表示了。

"获者"指猎得禽兽者，郑玄解释道："获，得也，得禽兽者取左耳当以计功。"同时又引申而指举行射礼时手持旌旗的唱获者。所谓"唱获"，就像今天打靶时的报靶员一样，谁射中了箭靶，就挥动旌旗唱名。射中靶心者也称为"获者"。相应的，那面唱获者手持并挥动的旌旗就称作"获旌"。古籍中常常可以见到此类称谓，如果不懂得其中的含义，就无法确切地理解文意或诗意，因此约略言之。

据扬雄《方言》记载："荆淮海岱杂齐之间，骂奴曰臧，骂婢曰获。齐之北鄙，燕之北郊，凡民男而婿婢谓之臧，女而妇奴谓之获。亡奴谓之臧，亡婢谓之获。皆异方骂奴婢之丑称也。""臧"的造字本义就是男奴，"获"则由猎得的禽兽引申而为女奴。"古者奴婢皆有罪者为之，谓之臧获。"这都是等级制社会对奴隶的贱称，应该持批判态度，但也应该明白这些称谓的由来，否则看古籍时往往会不知所云。

班

① 金文

② 金文

③ 金文

④ 小篆

挥手自兹去，萧萧班马鸣（李白）

汉字身世小档案

- "班，分瑞玉。""班"的本义可以引申为分开、离群，因此"班马"即离群的马。
- 由分瑞玉的行为，"班"又引申为返回，比如班师回朝。
- 瑞玉被分割后要按照一定的次序排列，因此"班"又引申为序列、职位等级，同时可以作为某种分割后的单元的名称，比如班子。

李白名作《送友人》："青山横北郭，白水绕东城。此地一为别，孤蓬万里征。浮云游子意，落日故人情。挥手自兹去，萧萧班马鸣。"

此诗描写为友人送行的场景：送友人送到了城外，只见青翠的山峦横亘在外城的北面，清澈的河水绕着东城潺潺流过。飘浮着的白云表达着游子的心意，缓缓下坠的落日象征着老朋友的友情。此地一别，友人就要像孤独的蓬草一样飘逝到万里之外去了。自此挥手告别，"萧萧班马鸣"。

"班马"是什么马？是"斑马"吗？想弄清楚这个问题，要先来看一看"班"这个字。

班，金文字形❶，这是一个会意字，左右两边是两块玉，中间是一把刀，会意为用刀将玉分为两块。金文字形❷，突出的是两块玉的样子。金文字形❸，一把长柄刀。小篆字形❹，没有任何变化。楷体字形中间刀的形状加以变形，不大能够看得出来了。

《说文解字》："班，分瑞玉。"什么叫"瑞玉"？"瑞，以玉为信也。""瑞玉"就是作为凭证的玉制符信。按照《周礼》中的规定："王执镇圭"，长一尺二寸，"镇"是安定四方之意；"公执桓圭"，"桓"圭长九寸，桓就是今天说的华表，

雕刻在圭上作装饰；"侯执信圭"，"信"通"身"，以人形雕刻在圭上作装饰，长七寸；"伯执躬圭"，也是以人形作装饰，长也是七寸；"子执谷璧"，谷物养人，故以此作装饰，长五寸；"男执蒲璧"，"蒲"是蒲草制成的席子，取其"安人"之意，故以蒲草的花纹作装饰，长也是五寸。"班"分的就是这六种瑞玉。

由"班"的本义可以引申为分开、离群，因此"班马"即离群的马。李白这句诗来自《左传·襄公十八年》："有班马之声，齐师其遁。"杜预注："夜遁，马不相见，故鸣。班，别也。"北周庾信在《哀江南赋》中说得更加明白："失群班马，迷轮乱辙。"失群的马叫"班马"。"班马"不是"斑马"，"斑"的本义是杂色，也指杂色斑点或斑纹，"斑马"身上有保护色的条纹，故称"斑马"。

瑞玉既被用刀两分，那么前往和返回也是两分，因此"班"又引申为返回，比如班师回朝。瑞玉被分割后要按照一定的次序排列，因此"班"又引申为序列、职位等级，比如按部就班。同时可以作为某种分割后的单元的名称，比如班子、班底、早班、晚班之类。都是由"班"的本义引申而来。

有趣的是"班子"一词，最初是对剧团的称呼，后来民间俗语引申而指妓院，这是因为妓院里纵情声色的热闹景象跟戏班子极为相像。"班"有整齐排列之意，所以作为妓院的"班子"就指正规的妓院，非正规的妓院则称作"窑子"或"土窑子"。"窑"是烧砖制瓦的所在，因此用来比喻土里土气或者不上台面，"窑子"还加一个"土"字，可想而知对这种非正规妓院的轻蔑。

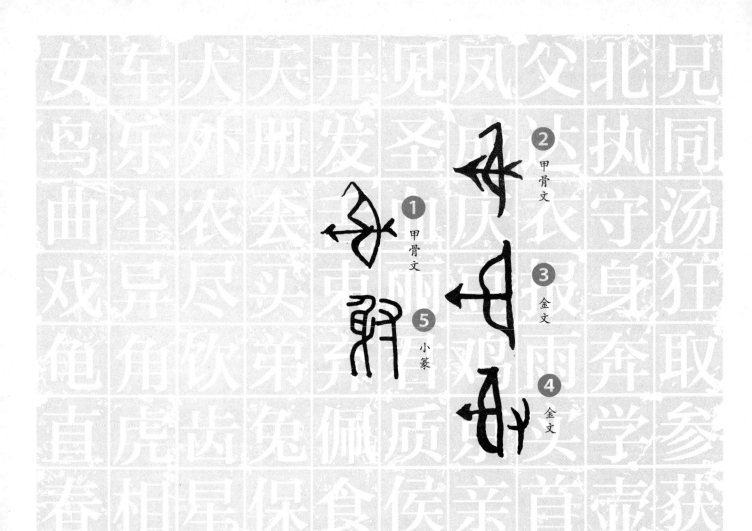

射

枉为乡里举，射鹄艺浑疏（姚合）

汉字身世小档案

■ "射"是一个会意字，其甲骨文字形由弓和箭两部分组成，会意为张弓射箭。

■ "射"的本义就是射箭。

■ 乡射礼中射箭时要随着音乐的节拍，只有应和着音乐的节拍射中靶心才能算数。

■ 古时举行射礼有五种射箭法，称作"五射"，分别为白矢、参连、剡注、襄尺、井仪。

射者，男子之事也。儒家要求学生掌握的六项基本技能——礼、乐、射、御、书、数。射即为其中很重要的一项。先秦时期，每年的春秋两季，各乡都要举办乡射礼，乡射礼之前还要先举办乡饮酒礼，为的是"明长幼之序"。乡射礼有许多具体的礼仪和规定，《礼记》专辟"射义"一节，讲解"射"的意义；《仪礼》也专辟"乡射礼"一节，讲解举行射礼时应该遵循的步骤和礼节。唐代诗人姚合有"枉为乡里举，射鹄艺浑疏"的诗句，就是描写的这种乡射礼。射鹄是箭靶子。"射"的重要性由此可见一斑。

射，甲骨文字形 ❶，这是一个会意字，由弓和箭两部分组成，会意为张弓射箭。甲骨文字形 ❷，弓和箭结合得更紧凑。金文字形 ❸，变得更加美观，也更加形象。金文字形 ❹，在弓的后部添加了一只手，表示用手射箭。小篆字形 ❺，弓和矢（箭）的形状被误写作"身"字，以至于看不出来射箭的样子了，不过右边的手形还在，"寸"就是手的形状。

《说文解字》："射，弓弩发于身而中于远也。"这是许慎根据小篆字形而得出的误读，因为要解释小篆字形中的"身"字，所以才说"弓弩发于身"，其实"射"的本义就是射箭，跟身体没有任何关系。

乡射礼的程序很繁复，此处不赘述，有趣的是射箭时还要随着音乐的节拍，只有应和着音乐的节拍射中靶心才能算数。《礼记·射义》中还有对比赛失败者的要求："射者，仁之道也。射求正诸己，己正然后发，发而不中，则不怨胜己者，反求诸己而已矣。孔子曰：'君子无所争，必也射乎！揖让而升，下而饮，其争也君子。'"失败者不能怨恨胜利者，要"反求诸己"，反省自己为什么会失败，是不是己身不正的缘故。孔子说："君子没有什么可跟别人争的。如果说君子一定有可跟别人争的事情，那就是举行射箭比赛的时候。射箭比赛之前相互揖让，然后登堂比赛，比赛完了相互揖让然后下堂，胜利者要揖让失败者饮酒，射箭比赛这种争也是君子之争。"

古时举行射礼有五种射箭法，称作"五射"。章炳麟先生曾经慨叹过今人已经不明白"五射"的精髓了。五射之法的名称都很好听，依次为：白矢、参连、剡注、襄尺、井仪。根据历代学者的注疏，简单介绍于下：白矢，指箭射穿靶子而露出箭镞；参连，指每射共四箭，先放一箭，后三箭连续发出；剡（yǎn）是锐利的意思，剡注，指射出去的箭箭羽高而箭头低，需要射手拉满弓弦，全力射出；襄尺，指君臣共射时，按照礼节，臣不能和君并立，要避让君一尺之地，"襄"通"让"；井仪，指每射共四箭，四箭连射，射中箭靶后要呈"井"字的形状，这样射中的面积大，杀伤力也大。

① 甲骨文　② 金文　③ 金文　④ 金文　⑤ 小篆

我徒我御，我师我旅（《诗经》）

汉字身世小档案

■ "徒"的本义是徒步行走。古代"徒步"是平民的专称。

■ 古代的步兵也称"徒步"。因为步兵众多，"徒"引申为众多的人；步兵为一个战斗单位，因此"徒"又引申为同一类或同一派别的人，比如徒党、门徒、徒弟。

■ "徒"的本义为步行，就是不借助于任何工具比如车马而行走，由此引申出空的义项，比如徒手。

徒

"徒"是最有意思的汉字之一，而且义项繁多，直到今天大都还在使用。

徒，甲骨文字形❶，这是一个会意兼形声的字。说它会意，上面是土，旁边的两点是扬起的尘土，下面是脚，整个字形会意为行走；说它形声，上面的"土"表声。金文字形❷，变成了左右结构，左边的偏旁"彳"，读作"chì"，行走。金文字形❸，下面又添加了一个"止"，"止"就是脚，字形开始变得复杂起来。金文字形❹，更美观了一些。小篆字形❺，左边变成了偏旁"辵"，读作"chuò"，忽走忽停或者奔走的样子。楷体字形的右边干脆定型为"走"。

《说文解字》："徒，步行也。"这就是"徒"的本义，即徒步行走。《诗经·黍苗》一诗中吟咏道："我徒我御，我师我旅。"徒即徒步，御是驾车，五百人为旅，五旅为师。这是古代士兵出征的情形。今天"徒步"一词的意思就是步行走路，不管是有车阶级还是无车阶级，只要步行走路一概称"徒步"，古代可不一样，"徒步"是平民的专称，古代的平民外出没有车，故称"徒步"。汉武帝时期的大臣公孙弘年轻的时候家里贫寒，靠给人在海边养猪维持生计，七十多岁时被汉武帝拜为丞相并封侯。公孙弘认为自己"起徒步"，平民出身，却荣登高位，因此专门盖了一座别墅，用以延揽同样"徒步"的贤士。既然"徒步"就是没有车坐，因此古代的步兵也称"徒步"。"我徒我御"中的"我徒"即指步兵。

步兵众多，因此"徒"引申为众多的人；步兵为一个战斗单位，因此"徒"又引申为同一类或同一派别的人，比如徒党、教徒、僧徒等称谓，门徒、徒弟的称谓也是由此而来。《周礼》中说："凡害人者，弗使冠饰而加明刑焉，任之以事而收教之，能改者，上罪三年而舍，中罪二年而舍，下罪一年而舍。"这就是后世所说的"徒刑"，将罪犯拘禁于一定场所，剥夺其自由并强制劳动，不让其戴身份象征的帽子，把罪状写在板上，固定在犯人的背上，以示惩罚，这叫"明刑"，彰明其刑罪。"徒刑"之名始于北周，列入五刑之一。既为拘禁服劳役，当然只能徒步而为，故称"徒刑"，同时也是地位低下的意思，甚至有学者把"徒"解释为："徒者，奴也。盖奴辱之，量其罪之轻重，有年数而舍。"

"徒"的本义既为步行，那就是不借助于任何工具比如车马而行走，由此引申出空的义项，比如"徒手"意思是空手，"徒有虚名"意思是空有名声，没有乐器伴奏的歌称作"徒歌"。"徒"还当作副词使用，独、仅仅、徒然、枉然，也都是由此引申而来的。"徒慕君之高义"，独独仰慕君之高义，"老大徒伤悲"，年老了徒然伤悲，等等。

甲骨文 ①

甲骨文 ②

金文 ③

金文 ④

小篆 ⑤

乘肥马，衣轻裘（《论语》）

汉字身世小档案

- 从甲骨文字形即可看出，"乘"的本义是登、升，人登到树上。
- 马奔跑的时候会加速，因此引申出乘势的意思；驾驭马匹是借助马匹的速度，因此又引申出利用、依仗、趁机的意思。当作为这些义项的时候，"乘"的读音是"chéng"。
- "万乘"即一万辆车，指代天子；"千乘"即一千辆车，这是诸侯之制；"百乘"即一百辆车，这是大夫之制。

乘

148

"乘"是个非常有意思的汉字，有两个读音。我们先来看字形的演变。

乘，甲骨文字形❶，这是一个会意字，下面是枝权伸展的"木"，上面是一个人，人爬到树上去干吗呢？甲骨文字形❷，上面的人好像引颈眺望的模样，大概是在瞭望并侦察敌情。金文字形❸，树木和人的样子更加舒展。金文字形❹，人多了两只脚，意为手脚并用，艰难地爬到了树上。小篆字形❺，下面的"木"还是老样子，但人的样子不太像了，倒是突出了两只脚。楷体字形的上下结构讹变成了"禾"，人的两只脚则讹变成了中间的"北"。

《说文解字》："乘，覆也。"意思是跑到上面。段玉裁解释说："加其上曰乘。"这个说法不太准确，从字形即可看出，"乘"的本义是登、升，人登到树上。甲骨文卜辞中有名为"望乘"的人名或部落名，属于商王的部队，应该就是侦察敌情的先头部队。

《诗经·七月》中有"亟其乘屋"的诗句，意思是赶紧登上屋顶去修理房屋。因为人骑马也要登上马背，因此而引申为骑、坐和驾驭之意，比如乘车、乘船，比如《论语》中有这样的话："赤之适齐也，乘肥马，衣轻裘。"公孙赤到齐国去，驾驭着肥马拉的车子，穿着轻暖的皮衣。此处的"乘肥马"不是指骑马，而是指驾驭马车。战国以前车马相连，没有无马的车，也没有无车的马。

马奔跑的时候会加速，因此引申出"乘势"的意思；驾驭马匹是借助马匹的速度，因此又引申出利用、依仗、趁机的意思。当作为这些义项的时候，"乘"的读音是"chéng"。

古代狩猎或者作战的车子，以四匹马拉最为常见，"乘"的引申义是"覆"，覆在上面，驾车时要把车轭套在马的脖子上，因此这也叫"乘"，而一车用四匹马拉，因此四匹马拉的车子就叫作"一乘"。所谓"万乘"即一万辆车，这是天子之制，因此也用"万乘"来指代天子；"千乘"即一千辆车，这是诸侯之制；"百乘"即一百辆车，这是大夫之制。《诗经》中就有许多吟咏车马的诗，常常出现"四牡"（四匹公马）、"乘马"（四匹马）、"乘黄"（四匹黄色马）等词句，日常口语中也有"一言既出，驷马难追"的说法，"驷马"即指四匹马拉的车子。从这里又把"乘"引申为量词，以四为乘，比如"乘壶"就是四个壶，"乘矢"就是四支箭，诸如此类。

《左传》中有一个著名的故事，秦军准备偷袭郑国，半路被自称郑国使臣的弦高拦住，弦高其实是个商人，听说秦军欲攻打自己的国家，冒充使臣，"以乘韦先牛十二犒师"。"乘韦"是四张熟牛皮，先献上四张熟牛皮，然后再献上十二头牛，犒劳秦师。为什么说"以乘韦先牛十二"呢？这是因为献人礼物，一定要先轻后重，先薄礼后重礼。秦军以为郑国早有准备，收下礼物后只好撤军。

当作这个义项的时候，"乘"的读音是"shèng"。

孟子曾经说过这样一番话："晋之乘，楚之梼杌，鲁之春秋，一也。"晋国的史书叫《乘》，楚国的史书叫《梼杌》，鲁国的史书叫《春秋》。

《春秋》容易解释，记载一年四季的事情。

《梼杌》最难解释，过去的说法是"梼杌"（táo wú）是凶兽之名，楚国用它作为史书的书名，是为了惩罚历史上的恶人；还有学者说梼杌能够预知未来，有人想要捕捉它，它事先就能够知道，因此用作书名，表示往知来的意思；也有学者说"梼"是木质坚硬的树，"杌"是砍断这种树后剩余的木桩子，木桩子的横断面上有一圈一圈的年轮，因此用来代表历史，并用作书名。

晋国的史书叫《乘》，宋代学者孙奭解释道："以其所载以田赋乘马之事，故以因名为乘也。"田赋乘马之事，关乎国家的政治、经济、军事大事，故以《乘》为名，后来"史乘"就成为史书的泛称，即由此而来。

① 甲骨文
② 甲骨文
③ 金文
④ 金文
⑤ 小篆

秬鬯分藩旧，茞茅锡命初（程可则）

汉字身世小档案

■ "鬯"读"chàng"，这是一个象形字，像盛东西的器皿的形状，上面是器身，下面是器足。

■ 古代帝王建社坛时用青、赤、白、黑、黄五种颜色的土，东方青，南方赤，西方白，北方黑，上覆黄土，分封诸侯时，按照封地所在的方位取一色土，再用黄土覆盖，然后用白茅包起来授予诸侯。

■ 《王度记》载："天子以鬯，诸侯以薰，大夫以兰芝，士以萧，庶人以艾。"

鬯

清人程可则有诗："秬鬯分藩旧，苴茅锡命初。"古代帝王建社坛时用青、赤、白、黑、黄五种颜色的土，东方青，南方赤，西方白，北方黑，上覆黄土，分封诸侯时，按照封地所在的方位取一色土，再用黄土覆盖，然后用白茅包起来授予诸侯，"茅取其洁，黄取王者覆四方"，这叫"苴（jū）茅"。"锡命"是天子赐予的诏命。那么，这两句诗中的"秬鬯"是什么东西呢？

我们先来看"鬯"这个字，读音是"chàng"，甲骨文字形 ❶，这是一个象形字，像盛东西的器皿的形状，上面是器身，下面是器足。甲骨文字形 ❷，里面的小点代表盛的酒糟。金文字形 ❸，下面盛的酒浆，上面盛的酒糟。金文字形 ❹，非常像一张人脸。小篆字形 ❺，下面变形成了"匕"，"匕"是用来取饭的勺子，用"匕"来舀取"鬯"中盛的酒，如此一来，"鬯"就变成了一个会意字。

《说文解字》："鬯，以秬酿郁草，芬芳攸服，以降神也。""秬"（jù）是黑黍，黑色的谷物，古人把黑黍视作嘉谷，就是吉祥的谷物。秬这种黑黍和郁金草酿成的酒就叫作"鬯"。郁金草不是现在说的郁金香，而是一种多年生草本植物，姜科，名为郁金。"秬鬯"合称，这种香酒用于祭祀降神及赏赐有功的诸侯。秬鬯酒"芬芳攸服"，酒香芬芳浓郁，饮后使人舒泰畅达。《周易》中有"不丧匕鬯"的句子，"匕"是用丛生、多刺、赤心的小枣树制成的饭匙，长三尺，祭祀的时候用来从鼎中捞肉。匕、鬯都是祭祀用品。"不丧匕鬯"，不亡失匕和鬯，意思是国家安定，能够守住宗庙祭祀之礼。

古代帝王对诸侯和大臣的最高礼遇称作"九锡"，是赏赐的九种器物，分别是：一曰车马，二曰衣服，三曰乐则，四曰朱户，五曰纳陛，六曰虎贲，七曰弓矢，八曰铁钺，九曰秬鬯。"乐则"指定音、校音的器具；"朱户"指朱漆大门；"纳陛"指便于上殿的木梯；"虎贲"指勇士；"弓矢"指特制的红色和黑色弓箭；"铁（fū）钺（yuè）"指砍刀和大斧，是腰斩、砍头的刑具；第九种就是秬鬯。

《礼记·表记》载："天子亲耕，粢盛秬鬯，以事上帝。""粢"（zī）是祭祀时用的谷子，"粢盛"就是盛在祭器内以供祭祀的谷物。粢盛和秬鬯都是天子亲耕的仪式中用来祭祀上帝的东西。《诗经·江汉》中有"秬鬯一卣"的诗句，"卣"（yǒu）是青铜制的椭圆形酒器，用这种酒器盛秬鬯。周代还有"鬯人"的官职，专门负责管理秬鬯这种香酒的保存和使用。舀鬯酒还有专门的器具，叫鬯圭，是玉制的，把鬯酒舀出来再斟到酒器里。

"鬯"这种香酒的使用有严格的等级区分，据战国时期齐国的淳于髡所著《王度记》载："天子以鬯，诸侯以薰，大夫以兰芝，士以萧，庶人以艾。""薰"是名为蕙草的香草，"兰芝"是兰草和灵芝，"萧"是艾蒿，"艾"是供针灸用的艾草。可见"鬯"只能供天子专用。那么，天子用它来干什么呢？周代有个官职叫小宗伯，负责掌管王国祭祀的神位，祭祀的时候，小宗伯要做一件在今天看来稀奇古怪的事，这件事叫"大肆"："王崩，大肆以秬鬯涒。""肆"的本义是摆设，陈列；"大肆"是把天子的尸身陈列出来；"涒"（mǐ）是动词，清洗尸身。这句话的意思是：天子驾崩之后，小宗伯要先"大肆"，然后用秬鬯这种香酒来清洗天子的尸身。这就是"天子以鬯"的真正含义。

① 金文

② 金文

③ 金文

④ 金文

⑤ 金文

⑥ 小篆

造舟为梁，不显其光（《诗经》）

汉字身世小档案

- "造"，原字写作"艁"，会意为在"舟"里装上祭品，前往祖庙祭祀。这才是本义。
- 古代有向鬼神祈祷以期消除灾异的六种祭祀，称作"六祈"。
- "造舟"作为天子之礼，也特指帝王迎婚。

造

花了很长时间来研究"造"这个字，今天常用的义项是制造、创造、造访，但是这个字刚造出来的时候，却完全不是这个意思。这是一个非常奇妙的字。

造，金文字形❶，这是一个极其复杂的会意字，左边是"舟"，右边是"告"。先说左边的"舟"。"舟"的本义当然是船，引申为托盘，专用于尊、彝这类祭器的底盘，郑玄说："舟，尊下台，若今时承盘。"再说右边的"告"。《说文解字》："告，牛触人，角着横木，所以告人也。"许慎的解释完全是望文生义的想当然，实际上，"告"的字形是用牛作祭祀，将祈愿告诉神灵。再来看"造"的字形：在"舟"这种承盘里装上祭品，供奉于神灵之前，进行祭祀，并将祈愿告知神灵。

造，金文字形❷，上面添加了屋顶，意思是在祖庙里举行祭祀的仪式。金文字形❸，下面又添加了表示行走的脚，意思是前往祖庙去举行祭祀的仪式。金文字形❹，左边的小黑点代表装在"舟"这种承盘里的祭品。金文字形❺，左上的"舟"加以变形，为小篆字形做好了准备。小篆字形❻，紧承金文字形而来，"舟"的形状看不出来了。楷体字形左边的舟和脚简化为"辶"字旁。

《说文解字》："造，就也。"

其实这是引申义，原字写作"艁"，如上述的解释，会意为在"舟"里装上祭品，前往祖庙祭祀。这才是本义。因为前往祖庙有"到达"之意，因此引申为达至、造就、完成等义项。古代有向鬼神祈祷以期消除灾异的六种祭祀，称作"六祈"，分别为："类"，祭天；"造"，祭祖；"禬"（guì），除灾害之祭；"禜"（yíng），祭日月星辰之神，除水旱疫疠之灾；"攻"，鸣鼓而攻；"说"，以辞责之。此之谓"六祈"。其中的"造"作为祭礼之一，就是"造"这个字的本义。《礼记·王制》中屡有天子、诸侯"造乎祢"的规定，"祢"（mí）是奉祀亡父的宗庙，前往父庙祭祀，不正是"造"这个字字形的形象写照吗？

《诗经·大明》是周代贵族歌颂祖先的诗篇，其中吟咏周文王娶太姒，亲自到渭水旁迎亲，"造舟为梁，不显其光"。"造舟"之"造"，使用的也是引申义，由前往祖庙引申为靠近、比并。"造舟为梁"，指将若干艘船靠近、比并在一起，造成一座浮桥；"不"通"丕"，"不显其光"，形容婚礼大大地显露荣光。因此后世就把"造舟"作为天子之礼，也特指帝王迎婚。

《尔雅·释水》："天子造舟，诸侯维舟，大夫方舟，士特舟，庶人乘泭。""维舟"，"维连四船"，将四艘船连在一起成桥，这是诸侯之礼；"方舟"，"两舟相并"，这是大夫之礼；"特舟"，一只舟，这是士之礼；"泭"（fú），"编竹木曰泭"，就是小筏子，这是普通百姓之礼。等级制社会的尊卑观念，即使在乘船上也体现得淋漓尽致。

① 甲骨文
② 甲骨文
③ 金文
④ 金文
⑤ 小篆

壮岁京华羁旅，暮年湖海清狂（陆游）

汉字身世小档案

- "旅"字的本义就是军队的编制，五百人为一旅。由军队出行引申出旅行的意思，这是今天使用最多的义项。
- "逆旅"的意思是迎接客人到旅馆，遂用作客舍的代称。
- 作物不因播种而生，即野生也叫"旅"。

旅

今天的"旅"字除了当作旅行讲之外，还用于军队的编制，军、师、旅、团等等，但为什么会用于军队的编制，很多人都不知其详。

旅，甲骨文字形❶，这是一个会意字，下面是两个人，上面是一杆迎风飘扬的大旗。甲骨文字形❷。金文字形❸，旗杆更粗壮。金文字形❹，下面是三个人，围绕着一辆战车，战车上插着一杆大旗。小篆字形❺，更接近甲骨文的字形。楷体字形变异极大，完全看不出人和旗组合的样子了。

《说文解字》："旅，军之五百人为旅。""旅"的字形会意为军旗下的士兵，因此"旅"字的本义就是军队的编制，五百人为一旅。《周礼》中对军队的编制有详细的规定："五人为伍，五伍为两，四两为卒，五卒为旅，五旅为师，五师为军。"之所以有如此详细的编制，是"先王所因农事而定军令者也，欲其恩足相恤，义足相救，服容相别，音声相识"。由此引申为众多的意思，又由"军队"出行引申出旅行的意思，这正是今天使用最多的义项。

陆游有诗："壮岁京华羁旅，暮年湖海清狂。""羁旅"指客居异乡，这是从"旅行"的引申义而来。"旅"又由此引申为旅馆的意思，比如"逆旅"一词，李白有这样的名句："夫天地者，万物之逆旅也；光阴者，百代之过客也。而浮生若梦，为欢几何？"古人认为人生如寄，是寄居在这个世界上的，而视死如归，死亡是人之所依归，因此而有"天地者，万物之逆旅也；光阴者，百代之过客也"的感喟。"逆"的意思是迎，"逆旅"即迎接客人到旅馆，遂用作客舍的代称。清人陈梦雷的诗句"人生寄一世，奄忽如逆旅"，最好地反映了古人的这种观念。

鲜为人知的是，"旅"还是古时候一种祭祀的名称。《周礼》中说："王大旅上帝，则张毡案，设皇邸。""皇邸"是祭祀时放在座位后面的屏风，上面覆有凤凰羽毛以作装饰。郑玄解释道："大旅上帝，祭天于圜丘。"国君祭天，要踏上出行的旅途，因此这种祭祀就称作"旅"或"大旅"。

"旅"还有一个最有趣的义项：作物不因播种而生，即野生也叫"旅"。汉乐府民歌《十五从军征》中有这样的诗句："中庭生旅谷，井上生旅葵。春谷持作饭，采葵持作羹。""旅谷"指野生的谷物，"旅葵"指野生的葵菜。《后汉书》形容王莽末年的乱世，"野谷旅生"，"旅生"即野生。"旅"为什么会具备这个义项呢？同样还是从本义而来：军队出征，要经过迢迢旅途，旅途都在野外，"旅谷""旅葵"因此引申出野生的意思。不是由农人播下种子而生，而是经由飞鸟等途径携带，落地而生，倒是也经过了长途旅行呢！

1 甲骨文

2 甲骨文

3 金文

4 金文

5 古文

6 小篆

寡人有疾，寡人好色（《孟子》）

汉字身世小档案

■ "疾"是一个会意字，甲骨文字形的右边是一个站立的人，他的右腋下中了一支箭。

■ "疾"是轻微的病，"疾"多了，累积起来就变成了"病"，"病"的程度比"疾"要重。

■ 佛教徒生病有个特定的称谓叫"维摩疾"，一般的士人和官员称自己得的病为"狗马疾"。

疾

《孟子》中记载了齐宣王和孟子的一段对话，很有意思：

王曰："寡人有疾，寡人好色。"对曰："昔者太王好色，爱厥妃。诗云：'古公亶父，来朝走马，率西水浒，至于岐下，爰及姜女，聿来胥宇。'当是时也，内无怨女，外无旷夫。王如好色，与百姓同之，于王何有？"

这段对话的意思是：齐宣王说："我有一个毛病，我好色。"孟子回答道："过去周太王好色，爱他的妃子。《诗》上说：'周太王古公亶父，清晨纵马奔驰，沿着西边的河岸，到了岐山脚下，带着妻子姜氏，来察看新居。'那个时候，内无没出嫁的女子，外无娶不到妻的男子。大王如果好色，像周太王一样让百姓也能嫁娶，对大王有什么难的呢？"

这里的"疾"是毛病、缺点的意思。"疾"为什么会具备这个义项呢？

疾，甲骨文字形 ❶，这是一个会意字，右边是一个站立的人，他的右腋下中了一支箭（"矢"的甲骨文字形就是一支箭）。甲骨文字形 ❷，有两支箭从右下方射向腋下。金文字形 ❸，这支箭射向左腋下的样子更加形象。金文字形 ❹，左边站立的人有些变形，但是箭射中了左腋下却更加明显。

《说文解字》还收录了一个古文字形 ❺，在人和箭的左边添加了一张床，表示人受了箭伤躺在床上，好像能听到伤重哀叹的声音。小篆字形 ❻，左边同样是张床，但人形已经不大看得出来了。楷体字形人和床变化为"疒"，成为偏旁，下面的箭则正式定型为"矢"。

《说文解字》："疾，病也。"那么，"疾"和"病"有什么区别呢？段玉裁解释道："析言之则病为疾加，浑言之则疾亦病也。"也就是说，"疾"是轻微的病，"疾"多了，累积起来就变成了"病"，"病"的程度比"疾"要重，此之谓"病为疾加"。段玉裁又说："矢能伤人，矢之去甚速，故从矢会意。"射出去的箭速度很快，因此可以引申当作形容词用，比如快速、急速、敏捷、急剧而猛烈等义项，"草枯鹰眼疾""疾风知劲草，板荡识诚臣"都是用的这个引申义。

其实从造字的本源来看，"疾"的本义应该解释为箭伤，引申而为疾病。腋下的箭伤不会致命，也不严重，因此"疾"的语感要比"病"轻得多。只要是人，都有毛病和缺点，这是人性使然，并非致命的错误，因此才有"寡人有疾，寡人好色"的用法。

有趣的是，佛教徒生病有个特定称谓，叫作"维摩疾"。据《维摩经》记载，佛在毗耶离城庵摩罗园，城中众人请佛说法，城中的长者维摩诘却故意称病不往，佛于是派文殊师利等人前去询问维摩诘生的是什么病，维摩诘回答道："以一切众生病，是故我病；若一切众生得不病者，则我病灭。"又说："菩萨疾者，以大悲起。"表明了自己的悲悯之心。后人于是就把佛教徒生病美誉为"维摩疾"。清人周亮工有诗："谁任维摩疾，空床黄叶林。"至于一般的士人和官员，则谦虚地称自己得的病为"狗马疾"，尤其是面对皇帝的关心询问，常常以"狗马疾"自称，这也可见"疾"属于比较轻的病症。

① 甲骨文

② 甲骨文

③ 西汉瓦当

④ 小篆

无蹁我墙，无折我树桑（《诗经》）

汉字身世小档案

- "桑"在甲骨文中是一个象形字，一棵桑树的样子非常形象。
- 桑梓为父母所植，因此古人就用"桑梓"借指故乡或乡亲父老。
- "桑间濮上"原来是指一个具体的地名，后抽象化为男女幽会的场所，甚至用来形容淫靡风气盛行的地方。

桑

《诗经》中有一首题为《将仲子》的诗篇,是一个女子的自述。这女子和一位名叫仲子的男子相爱,但又畏惧流言蜚语,于是请求仲子不要来打扰她。其中有两句:"将仲子兮,无逾我墙,无折我树桑。"仲子啊,请你不要翻过我家的墙,别弄折了我家的桑树。种桑养蚕是古人生活中非常重要的农事活动,在房前屋后大量种植。朱熹曾说:"桑、梓二木,古者五亩之宅,树之墙下,以遗子孙给蚕食,具器用者也……桑梓,父母所植。"因此古人就用"桑梓"借指故乡或乡亲父老。

桑,甲骨文字形 ❶,这是一个象形字,一棵桑树的样子非常形象。甲骨文字形 ❷,桑树的样子更加美观。字形 ❸ 是西汉瓦当上残存的"桑"字,这块瓦当出土于西安,仅存"监桑"二字,显然是受过阉割之刑的犯人养伤的蚕室遗物。颜师古解释"蚕室"说:"凡养蚕者欲其温早成,故为蚕室,畜火以置之。而新腐刑亦有中风之患,须入密室,乃得以全,因呼为蚕室耳。"蚕室,这个优雅浪漫的名字,却被用来安置刚刚被阉割的犯人!小篆字形 ❹,树上的枝叶换成了手的形状,突出了采摘桑叶的意象。

《说文解字》:"桑,蚕所食叶木。"种桑养蚕对古人的生活如此之重要,以至于古人把桑树称作神桑。据《山海经》记载,海外极远之处有扶桑树,高两千丈,两两同根相生,互相依倚,故名"扶桑"。太阳在下面的汤谷中沐浴之后,攀着扶桑的树梢冉冉升起,这就是日出之处。

古人跟桑树的关系甚至到了依恋的地步,佛教语有"三宿恋"之说,李贤解释道:"言浮屠之人寄桑下者,不经三宿便即移去,示无爱恋之心也。"竟至于用对桑树的爱恋来作譬!龚自珍有词:"空桑三宿犹生恋,何况三年吟绪。""空桑"代指僧人或佛门,有人认为空桑乃是圣山,古籍中常见圣人生于或者活动于空桑的记载,但我认为此处的"空桑"是一个象征,寄于桑树下不经三宿便即离去,以示无爱恋之心,那么即使不在桑树下,心中也应该不存桑树之念,此之谓"空桑"。袁枚有诗:"颇似神仙逢小劫,敢同佛子恋空桑。""小劫"与"空桑"对举,正印证了"空"非实指,乃是象征。

春秋时期,卫国的濮水之滨有个地方叫桑间,遍植桑树,青年男女都喜欢来到这里幽会,幽会就少不了歌舞,但是幽会的歌舞怎么可能庄重呢?自然活泼欢快,当然也缠绵暧昧,因此卫国的音乐就被称为"靡靡之音",这就是所谓"桑间濮上之音",历来被视为亡国之音。"桑间濮上"后

来又由具体的地名抽象化为男女幽会的场所,甚至用来形容淫靡风气盛行的地方,真是玷污了一个浪漫雅致的好词!

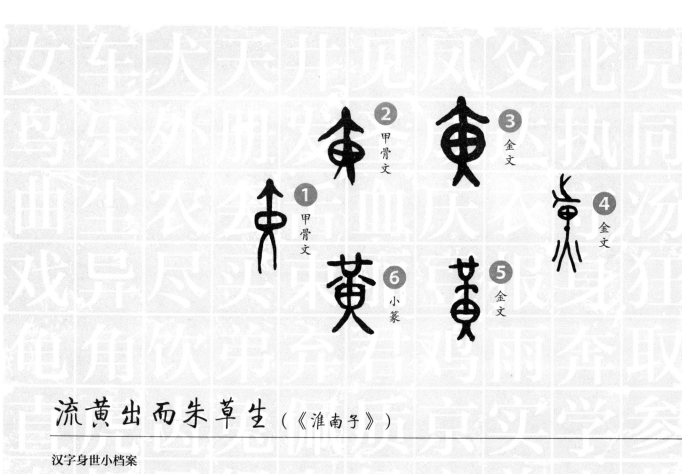

② 甲骨文
① 甲骨文
③ 金文
④ 金文
⑤ 金文
⑥ 小篆

流黄出而朱草生（《淮南子》）

汉字身世小档案

■ 《说文解字》："黄，地之色也。"这是引申义，本义应当是佩璜。

■ 根据五行学说，黄为五种正色（青、赤、白、黑、黄）之一，居于中央，因此被古人崇尚，用作皇家的颜色。

黄

辽宁牛梁河遗址近日出土了一位手握双龟的老人的遗骨，有专家称是黄帝的遗骨，证据之一是黄帝之"黄"在甲骨文中即是乌龟的形状。这真是无知者无畏。我们且来看一看"黄"字的原始字形及其演变。

黄，甲骨文字形 ❶，这是一个象形字，至于像什么东西则众说纷纭。有人说像一支射出去的着火的箭，由火光而联想为黄色之意；有人说箭射中了靶心，靶心为了醒目起见，用赤褐色的泥浆涂抹，因而引申为黄色之意；还有人说像佩玉之形，上面是系带，中间是双玉相连，下面是穗子，这种玉后来就叫作"璜"；但是徐中舒先生则认为"像人佩环之形"，中间的圆环形就是佩环，并引《礼记·经解》"行步则有环佩之声"，来证明"此为佩玉有环之证"。徐中舒先生此说最有说服力。

黄，甲骨文字形 ❷，称"黄"乃乌龟之形大概就是从这个字形附会的，但这个字形仍然承甲骨文字形 ❶ 而来，只是形体略加变化而已。金文字形 ❸，早期的金文字形继承了甲骨文的模样，但是晚期的金文字形 ❹ 和 ❺，则区别很大，有学者认为此后的金文系统明显和佩玉有关，不再像此前的字形争议之大。仔细观察金文字形 ❹，中间的玉和下面的穗子历历可见，上面是"止"，人的

脚，佩玉行走，"行步则有环佩之声"，果然如此！这个字形最能证实"黄"乃"佩环之形"。金文字形 ❺，上面编结系带的样子清晰可见。小篆字形 ❻，同于金文。

《说文解字》："黄，地之色也。"这是引申义，本义应当是佩璜。根据五行学说，黄为五种正色（青、赤、白、黑、黄）之一，居于中央，因此被古人崇尚，用作皇家的颜色。"璜"这种玉多为黄色，所谓"黄石为璜"，"黄"因此而引申为黄色。《淮南子·本经训》中记载盛世的若干特征，其中说："甘露下，竹实满，流黄出而朱草生。"甘露、竹实、流黄、朱草都是祥瑞之物，"流黄"即指褐黄色的玉。

《淮南子·氾论训》中有言："古之伐国，不杀黄口，不获二毛。"征伐别国，不能杀黄口，不能俘虏二毛。"黄口"指幼儿，雏鸟的嘴巴是黄色的，因此借用来形容幼儿，至今口语中尚有"黄口小儿"的称谓。"二毛"指老人，老人头发斑白，半黑半白，故称"二毛"。根据古人的说法："人初老则发白，太老则发黄。"因此也用"黄发"来指代老人。《尔雅·释诂》中说："黄发、齯齿、鲐背、耈老，寿也。""齯（ní）齿"指老年人牙齿落尽后重生的细齿；"鲐"（tái）是鲐鱼，背上有黄色斑纹，老年人背上若生斑，就称"鲐背"；"耈"（gǒu）是老年人脸上的寿斑。

古人认为这些都是老年人高寿的征象，都是值得祝贺的事情。

① 甲骨文
② 甲骨文
③ 金文
④ 金文
⑤ 小篆

筌者所以在鱼，得鱼而忘筌（《庄子》）

汉字身世小档案

- 甲骨文由字形上看，"得"意为经过漫长的辛苦远行得到子安贝。子安贝既如此珍贵而又得之不易，因此"得"又可以引申为满足。
- "得鱼忘筌"出自《庄子》，用来比喻事情成功以后就忘了本来依靠的东西。

得

162

"得"既可以作实词，也可以作虚词。作实词可以当作名词、动词、形容词使用，作虚词可以当作叹词、助词、副词使用。来探究一下"得"这个字的造字本源，会发现古人生活中非常有趣的习俗。

得，甲骨文字形 ❶，这是一个会意字，左边是一只大贝，右边是一只手，会意为用手拿到了贝。甲骨文字形 ❷，手移到贝的下面，左边又添加了一个"彳"，"彳"像十字路口的半边，表示行走的意思，这个字形会意为行走到远方去寻觅并得到贝。金文字形 ❸，手和贝的形状简直像真的一样！金文字形 ❹，左边的"彳"更像十字路口的左半边。小篆字形 ❺，右上角的"贝"发生了讹变，变成了"見"。楷体字形完全看不出跟"贝"有什么关系了。

《说文解字》："得，行有所得也。""得"字形中的"彳"是个非常关键的组成部分，也就是许慎所说的"行有所得"之"行"。拿到这只贝为什么要"行"呢？显然，很近的地方不需要如此刻意地强调"行"这个意思，那么，"行"就一定是指前往很远的地方去，那只"贝"在非常遥远的地方，等待着古人去寻觅。

这是一种什么"贝"呢？原来，这种贝叫"子安贝"，产于南洋，被殷朝人和周朝人视为珍宝，因此甲骨文和金文中的贝类，全部都是子安贝的形状。为什么称作"子安贝"呢？是因为古时妇女生产时，产婆会将这种贝放在产妇手中，令她紧握以便用力产子，同时也是祈求母子平安的意思，故称"子安贝"。子安贝不仅被当作珍宝，还用作货币和祭祀的器具，台湾的少数民族至今还保留着"子安贝祭"的习俗。商代墓葬中曾经大量出土过这种贝类，可见它在古人生活中的重要性。

子安贝产于南洋，离黄河流域的中原地区十分遥远，那么，即使子安贝通过贸易传入了中原地区，因路程的遥远及其珍贵程度，古人造"得"这个字的时候，就安上了一个表示远行的"彳"，意思是要想得到子安贝，一定要经过漫长的辛苦远行才能得到。这就叫"行有所得"，这就叫"凡有求而获皆曰得"。

子安贝既如此珍贵而又得之不易，因此"得"又可以引申为满足，比如"洋洋得意"的满足骄傲之态，比如"春风得意马蹄疾，一日看尽长安花"，将科举中试的得意比作获得子安贝的雀跃之情。

庄子曾经有过一段名言："筌者所以在鱼，得鱼而忘筌；蹄者所以在兔，得兔而忘蹄；言者所以在意，得意而忘言。""筌"(quán)是捕鱼的竹器。这段话的意思是：竹笼是用来捕鱼的，捕到鱼就忘了竹笼；兔网是用来捕兔的，捕到兔就忘了兔网；言语是用来表达思想的，领悟了思想就忘了言语。"得鱼忘筌"因而用来比喻事情成功以后就忘了本来依靠的东西。

甲骨文 ①

金文 ②

金文 ③

小篆 ④

阴阳不和，寒暑不时，以伤庶物（《庄子》）

汉字身世小档案

■ "庶"的本义是以火燃石而煮，是根据古人实际生活而象意依声以造字的。锅里可以有各种各样不同的食物，由此而引申出众多、诸种的意思。

■ "庶出"来源于古代的礼食习俗，除正馔之外，还有美味的拼盘作为副菜，叫"庶羞"，后引申为非正妻所生的子嗣。

古代中国没有现代意义上的"公民"概念，老百姓一律称作"庶民"。李大钊先生曾有一篇著名的演说，题为《庶民的胜利》："这回战胜的，不是联合国的武力，是世界人类的新精神；不是哪一国的军阀或资本家的政府，是全世界的庶民。"显然，"庶民"即指平民，老百姓。

"庶"这个字的演变极有趣，甲骨文字形 ❶，这是一个会意字，右上部是石头，左下部是一堆火，会意为用火烤石头。金文字形 ❷，左上部还是石头，下面的字形有所变化，火堆的上面好像架了一口锅。金文字形 ❸，锅架在火堆上的形状更明显。小篆字形 ❹，上面讹变为"广"，"广"是房屋的形状，变成了在房屋里面生火烧锅的意思了。楷体字形下面的"火"变成了四点。

《说文解字》："庶，屋下众也。"为什么是"屋下众也"呢？清代学者王筠解释说，"庶"字的小篆字形中，"广"的下面是古文的"光"字，"广下之光，照彻四壁，有'众'意焉"。这些解释都是不对的，都不是"庶"的本义。

于省吾先生认为这是一个"从火从石，石亦声"的会意兼形声字。他根据甲骨文和金文的字形分析说："用火烧热石头以烙烤食物，或以烧热的石头投于盛水之器而煮熟食物，则是原始人类普遍采用的一种熟食方法。"因此，他进一步认为"庶"字就是"煮"字的本字："庶之本义乃以火燃石而煮，是根据古人实际生活而象意依声以造字的。但因古籍中每借庶为众庶之庶，又别制'煮'字以代庶，'庶'之本义遂湮没无闻。"这是非常富有说服力的解释。

据《周礼》记载，周代有"庶氏"的官职，职责是"掌除毒蛊，以攻说禬之，嘉草攻之"。"毒蛊"是害人的毒虫。"禬"（guì），除灾害之祭。"攻说"意为毒蛊也有神凭依，因此要鸣鼓而攻，再用言辞责备其神，祈求它离去。"嘉草攻之"就跟"庶"有关系了。"嘉草"是一种药物，"攻之"就是以火燃石，点着嘉草之后，用烟熏毒蛊。所以"庶氏"之"庶"，同于"煮"，这也是一个旁证。

至于"庶"为什么会作"众多"的意思，这是因为"庶"既然是"煮"的本字，则炖煮杂烩，锅里可以有各种各样不同的食物，由此而引申出众多、诸种的意思。比如"庶民"即指众多的百姓，"庶务"即指众多的事务，庄子说"阴阳不和，寒暑不时，以伤庶物"，"庶物"即指万物。《诗经·卷阿》中的诗句"君子之车，既庶且多"，更是点明了"庶"和"多"是同义词。

"庶"还有一个引申义：庶出。正妻所生的儿子称"嫡子"，非正妻所生的儿子称"庶子"。另外，宗族的旁支也叫"庶"。"庶"为什么会具备这个引申义呢？说来非常有趣。据《仪礼·公食大夫礼》记载，国君以礼食接待来聘问的大夫的时候，在正馔之外，还设有各种美味的拼盘作为副菜，叫作"庶羞"："肴美曰羞，品多曰庶。"由正馔之外的副菜引申出"庶出"的义项。"上大夫庶羞二十"，上大夫的副菜竟然有二十种之多！那么毫无疑问，一般情况下，庶出的儿子或者宗族的旁支的数量，也要远远多于嫡子或者宗族的嫡系的数量。

② 甲骨文

① 甲骨文

③ 诅楚文

④ 小篆

敝帷不弃，为埋马也；敝盖不弃，为埋狗也（《礼记》）

汉字身世小档案

■ "敝"是一个会意字，甲骨文字形左边是"巾"，右边是一只手持着一根小棍子，会意为持棍撕裂布巾。

■ "敝膝"是古时衣裳前面用以遮盖的饰物，通常以熟皮制成，长至膝盖，不是围裙的意思。"犊鼻裈（kūn）"才指围裙。

■ "敝帷不弃"多解释为破旧之物也自有用处等等，却忽视或者掩盖了它原本用来埋马的重点。

敝

敝，甲骨文字形 ❶，这是一个会意字，左边是"巾"，右边是一只手持着一根小棍子，会意为持棍撕裂布巾。甲骨文字形 ❷，在"巾"的上面又添加了两点，表示撕裂的布巾的碎片。秦代石刻《诅楚文》中的字形为 ❸，左边还有碎布条的形状。小篆字形 ❹，承前而来。

《说文解字》："敝，帗也。一曰败衣。""败衣"即破败、破旧的衣服，后面这个解释是"敝"的本义。至于解释成"帗"，通"韍"，"韍"（fú）是古时衣裳前面用以遮盖的饰物，通常以熟皮制成，长至膝盖，所以又称"敝膝"或"蔽膝"，根据不同的身份和等级而有形制、颜色、图案的区别，比如缊韍（赤黄色的敝膝）、赤韍、绿韍等等，用于祭祀或者礼服。汉代出现了布制的敝膝，王莽的妻子生活简朴，"布蔽膝"，以至于被当作婢仆。"

有人以为敝膝就是围裙，其实大谬不然。古人有一段话说："古者田渔而食，因衣其皮，先知蔽前，后知蔽后，后王易之以布帛，而犹存其蔽前者，重古道，不忘本。"这并非是"重古道，不忘本"，而实在是上古时期遮羞物的遗留而已。敝膝很窄，而且长到可以遮住膝盖，不像围裙一样系在腰上，而是束到大带上，作为一种装饰，同时也是礼仪的要求。围裙，顾名思义，是围在腰上，便于工作。司马相如和卓文君穷困潦倒，在临邛卖酒的时候，相如亲自干活儿，腰间围的就是一条"犊鼻裈（kūn）"，形状很像牛犊鼻子的围裙。此乃所谓贱者之服，因此卓文君的父亲卓王孙"闻而耻之"。

《礼记·檀弓下》记载了一则孔子的轶事："仲尼之畜狗死，使子贡埋之，曰：'吾闻之也，敝帷不弃，为埋马也；敝盖不弃，为埋狗也。丘也贫，无盖；于其封也，亦予之席，毋使其首陷焉。'"孔子养的狗死了，他对子贡说："破旧的帷帐不能扔掉，要用它来埋马；破旧的车盖不能扔掉，要用它来埋狗。我很穷，没有车盖，埋葬狗的时候，也要用席子把它裹起来，不能让它的头直接埋在土里。"

这个故事很有意思，我们对照来看《论语·乡党》中的一则记载："厩焚。子退朝，曰：'伤人乎？'不问马。"孔子家的马圈被烧了，孔子退朝回来，问："有人受伤了吗？"却不问马的受损情况。历代学者多持"贵人贱畜"之说，比如朱熹就说："非不爱马，然恐伤人之意多，故未暇问。盖贵人贱畜，理当如此。"孔子只问"伤人乎"，这是因为以人为先，但是当他的狗死了的时候，却秉承"敝盖不弃，为埋狗也"的精神，并没有因为"贵人贱畜"就致狗的尊严于不顾。同理，"敝帷不弃，为埋马也"，"敝帷不弃"因此而成为一个成语，但后人多解释为破旧之物也自有用处等等，却忽视或者掩盖了后面埋马的重点。

② 甲骨文
① 甲骨文
③ 甲骨文
④ 金文
⑤ 金文
⑥ 小篆
⑦ 楷书繁体

渔

不涸泽而渔，不焚林而猎（《文子》）

汉字身世小档案

■ 古时有"渔师"的官职，专门负责捕鱼，捕到的鱼供祭祀和宴饮。
■ "渔猎"连用，形容贪逐美色。"下渔色"是指在自己的国家里面娶妻妾。
■ "猎艳"最初是指搜求华丽的词语，后来才引申为"渔色"之意。

渔

打渔船上的灯火称"渔火"，最著名的"渔火"诗当属唐代诗人张继的《枫桥夜泊》："月落乌啼霜满天，江枫渔火对愁眠。姑苏城外寒山寺，夜半钟声到客船。"

渔，甲骨文字形❶，这是一个会意字，中间是张网，网里网外各有两条鱼，鱼身上还溅着水滴。甲骨文字形❷，一只手持着鱼竿钓起了一条鱼。甲骨文字形❸，下面的手持着右边的网捕到一条鱼。金文就更好看了，金文字形❹，下面有两只手，上面的左边是水，右边是一条鱼，用双手捕鱼。金文字形❺，刚刚用网捕到鱼，水还直往下滴。小篆字形❻，变成了一个会意兼形声的字，从水鱼声，右边"鱼"下面的鱼尾栩栩如生，不同于楷书繁体字形❼中"鱼"下面的四点。

《说文解字》："渔，捕鱼也。"这是"渔"的本义。古时有"渔师"的官职，专门负责捕鱼，捕到的鱼供祭祀和宴饮。《礼记·月令》："是月也，命渔师始渔，天子亲往，乃尝鱼，先荐寝庙。"供奉在先祖的宗庙里。文子说："先王之法，不涸泽而渔，不焚林而猎。"由此，"渔"和"猎"都引申出掠夺的意思，而且还可连用为"渔猎"。"天下兵乱，渔猎生民"，"倚势渔猎百姓"，都是古书中常见的用法。

在男权社会里，男尊女卑，男人将女人视为猎物，追逐女人就像打猎和打鱼，得到了女人，无非就是这场狩猎活动的战利品而已，因此诞生了"渔色"和"猎艳"这样的日常用语。"渔猎"连用，也形容贪逐美色，明武宗时的佞臣江彬"至扬州，即民居为都督府，遍刷处女、寡妇，导帝渔猎"，引导武宗荒淫无度。

不过，"猎艳"最早并不是指猎取女色。此语出自《文心雕龙》，在《辨骚》一章中，刘勰批评学习屈原的人，其中有一类是"中巧者猎其艳辞"，中等才能的人只会搜猎学习屈原和宋玉的艳辞。此处的"猎艳"当然是指搜求华丽的词语，后来才引申为"渔色"之意。

"渔色"一词的词源就更加早了。《礼记·坊记》对诸侯娶妻妾有严格的规定："诸侯不下渔色。""下渔色"是指在自己的国家里面娶妻妾，孔颖达解释说："渔色，谓渔人取鱼，中网者皆取之。譬如取美色，中意者皆取之，若渔人求鱼，故云渔色。诸侯当外取，不得下向国中取卿、大夫、士之女。若下向内取国中，似渔人之求鱼无所择，故云不下渔色。"渔人撒网捕鱼，网中的鱼当然全部归渔人所有；譬如国君在自己国家里面娶妻妾，国中的女人当然全部都归属于你，你想娶谁娶谁，谁敢把国君怎么的？因此要对国君的这种特权加以限制，规定为只能娶别的国家的女人。这就叫不能"渔色"。

1 甲骨文
2 金文
3 金文
4 金文
5 小篆

月黑杀人夜，风高放火天（欧阳修）

汉字身世小档案

- 《说文解字》根据小篆字形，认为"黑，火所熏之色也。"下面烧火，上面是烟囱，熏得发黑，故会意为黑色。
- 根据五行学说，"东方谓之青，南方谓之赤，西方谓之白，北方谓之黑，地谓之黄"，北方属水，黑色。
- 黑色原为帝王之色，后来变为黄色。黑色地位的低落大概跟佛教的兴盛有关，佛教把恶业称作"黑业"。"黑业者，是不善业果报地狱受苦恼处，是中众生，以大苦恼闷极，故名为黑。"
- 古人把年轻人叫作"黑头"，黑痣称为"黑子"。

黑

元怀所著《拊掌录》记载了欧阳修的一则趣事。欧阳修与人行酒令，约定各作诗两句，每句中必须嵌入徒刑以上的罪名。一人曰："持刀哄寡妇，下海劫人船。"欧阳修曰："月黑杀人夜，风高放火天。"这四项都是徒刑以上的罪名。

黑，甲骨文字形 ❶，这是一个会意字，但是会意的是什么却众说纷纭。谷衍奎在《汉字源流字典》中认为"像人头面上有饰物形"，意思是古人生活环境很差，为避兽害，不仅头上戴有饰物，还将脸面抹黑作为保护色。此说较为牵强，因为这个字形上面的圆形物并不像饰物的形状。我认为下面是人形，人的头上套了一只袋子，头脸都套在袋子里面，自然黑乎乎的什么都看不见，因此会意为"黑"。

再来看看"黑"字的金文字形 ❷、❸、❹，显然也是一个会意字，但是会意的是什么仍然众说纷纭。谷衍奎认为金文对甲骨文字形加以繁化，"头面上有黑点，身上有饰物"，"后又将一定图案刺在头面上作为同族的标志，后又发展为假面具。所以'黑'的初意应是把头面涂抹得看不清楚"。但是如上所述，饰物的形状并没有说服力。白川静先生则认为下面是"火"，上面是装有物品的口袋，"将囊中之物烤焦发黑，或变成黑色粉末，因此有了发黑、黑色之意"。但甲骨文和金文字形的下面明明都是人形，跟"火"的形状相去甚远。因此我认为"黑"的金文字形仍然紧承甲骨文而来：上面还是袋子，只不过袋子很脏，所以添加了很多黑色的粉末或烟灰，在表达"黑乎乎的什么都看不见"的同时，再用身上、头脸上都溅满了黑色粉末或烟灰来进一步加强"黑"的意义表达。

黑，小篆字形 ❺，在金文字形的基础上讹变得非常厉害，下面由人形和黑色粉末、烟灰讹变成了两个"火"的"炎"，上面讹变成了屋顶通气孔的形状。因此《说文解字》根据小篆字形解释道："黑，火所熏之色也。"下面烧火，上面是烟囱，熏得发黑，故会意为黑色。楷体字形除了下面的"火"还存在之外，上面完全看不出字的本意了。

古时以青、赤、白、黑、黄五种颜色为正色，根据五行学说，"东方谓之青，南方谓之赤，西方谓之白，北方谓之黑，地谓之黄"，北方属水，黑色。据《礼记》记载："夏后氏尚黑，大事敛用昏，戎事乘骊，牲用玄。"夏代崇尚黑色，举办丧事要在晚上，战事要乘黑马，祭祀要用黑色的牲畜。此后历经殷人尚白、周人尚赤之后，秦代又继承了夏代的传统。秦文公有一次出猎，捕获了一条黑龙，认为这是水德之瑞，于是秦始皇将秦朝定为"水德"，"衣服旄旌节旗皆尚黑"。后来崇尚黑色的习俗才渐渐消退，更多的开始崇尚黄色了。黑色地位的低落大概跟佛教的兴盛有关，佛教把恶业称作"黑业"："黑业者，是不善业果报地狱受苦恼处，是中众生，以大苦恼闷极，故名为黑。"

乌鸦全身黑色，因此也用"乌"来代表黑色。《小尔雅》："纯黑而反哺者，谓之乌。"传说小鸦长大后，会衔食喂养母鸦，此之谓反哺，乌鸦因此被称作"慈乌"。古人还把年轻人叫作"黑头"，因为头发发黑的缘故。司马光写道："黑头强仕之时，已登廊庙；黄发老成之日，还赏林泉。"黑头和黄发，多么鲜明的对比！以"黑头"而居高位者称"黑头公"，晋代的王珣，二十岁时与谢玄一起做桓温的佐吏，二人皆富有才干，桓温如此评价二人："谢掾年四十，必拥旄杖节；王掾当作黑头公。"桓温不愧有知人之明，果然，谢玄不到四十岁就成为东晋名将；而王珣更是年纪轻轻就封侯。正应了吴伟业的这句诗："谈笑阮生青眼客，文章王掾黑头公。"

古代早就有了"黑子"一词，不过最早可不是指太阳黑子，而是指人身上的黑痣，这倒跟"黑"的金文字形中的那些黑点非常相像。据说汉高祖刘邦的长相是："隆准而龙颜，美须髯，左股有七十二黑子。"高鼻梁，高眉骨，美须髯，令人称奇的是左腿上居然还有七十二颗黑痣！且不论七十二颗黑痣如何可能，即使可能，那也类似于一种生理缺陷，搁在成王败寇的胜利者身上，却反而成了生具异相的证据！

① 金文

② 金文

③ 金文

④ 小篆

⑤ 楷书繁体

闻说天台有遗爱，人将琪树比甘棠（刘禹锡）

汉字身世小档案

■ 甲骨文"遗"是一个会意字，会意为用双手捧持着贝，前去送给别人。

■ 站在馈赠者的角度来看，把东西送出去就等于失去，因此"遗"引申为遗失、舍弃、残留、遗忘等义项，读作"yí"。

■ "遗簪"用来比喻旧物或故情。

遗

今天"遗"的义项多为遗失，但本义并非如此。遗，金文字形❶，这是一个会意字，左边是"彳"，行走，右边的三个组成字符分别是：下面是贝，上面是两只手，两只手中间的一竖表示上下贯通。整个字形会意为：用双手捧持着贝，前去送给别人。这只贝可不是一般的贝，而是子安贝，它不仅被当作珍宝，还用作祭祀的器具。也有学者认为右上部为双手持草筐之形，贝从草筐中掉了下来，会意为丢失。

遗，金文字形❷，左右结构变成了上下结构，而且子安贝的形状有所变异。金文字形❸，右下又添加了一只脚。小篆字形❹，变成了一个左形右声的形声字。楷书繁体字形❺，直接从小篆字形演变而来。

《说文解字》："遗，亡也。"许慎的解释并非"遗"字的本义，本义是给予、馈赠，双手捧持着贝去送给别人。因此"遗"字的最初读音是"wèi"，古籍中常常有"遗某某书"的字句，意思就是送给某某的书信。站在馈赠者的角度来看，把东西送出去就等于失去，因此"遗"引申为遗失、舍弃、残留、遗忘等义项，也就是许慎所说的"亡也"。当作这个义项的时候，读作"yí"。人们都不愿遗失东西，遗失东西都是不由自主的行为，因此再引申开去，把不由自主的排泄也称作"遗"，比如男人"遗精"，是梦中不由自主的排泄行为。最能说明这个义项的是东方朔，有一次东方朔喝醉后上殿，"小遗殿上"，撒了一泡尿，被以"不敬"的罪名免官。

古人不论男女皆留发，头上有很多饰物，因此常常"遗簪"，并因此而成为一个典故。据《韩诗外传》记载，孔子有一次出游，看到一位妇人在水边悲伤地哭泣，弟子上去询问，妇人回答道："乡者刈蓍薪，亡吾蓍簪，吾是以哀也。""刈"是割草，"蓍"（shī）是蓍草，用蓍草做的簪子叫蓍簪。可见这位妇人很贫穷，割草的时候掉了蓍簪，就悲伤地哭泣。弟子觉得很可笑，问道："刈蓍薪而亡蓍簪，有何悲焉？"妇人回答道："非伤亡簪也，盖不忘故也。"不是为遗失了蓍簪而悲泣，而是不忘故物的缘故。因此"遗簪"就用来比喻旧物或故情。

刘禹锡有诗："闻说天台有遗爱，人将琪树比甘棠。""甘棠"即棠梨树。辅佐周武王灭商的召公巡行乡邑，在棠梨树下处理政事，公正无私，毫无瑕疵，召公去世后，老百姓思念召公的美政，不敢砍伐棠梨树，并在树下作歌，这就是《诗经》中的《甘棠》之诗。后人因此用"遗爱"或"甘棠遗爱"颂扬离去的地方官的政绩。"遗爱"的"遗"，就是指留存下来的爱民之情。

① 甲骨文

② 金文

③ 金文

④ 金文

⑤ 三体石经

⑥ 小篆

⑦ 小篆

黄鸟于飞，集于灌木（《诗经》）

汉字身世小档案

■ "集"是一个会意字，金文字形是三只鸟儿栖止在树上。

■ 群鸟聚集在树上歇息，旅途暂时完成，因此"集"引申出成就、成功的意思。

■ 从群鸟集于树上又可以引申出停留、聚集、安定的意思，还可以引申而用作名词，比如诗集。

集

集，甲骨文字形❶，一只鸟儿栖止在树木上，张开的翅膀还没有来得及收拢。金文字形❷，鸟儿全身漆黑，羽毛没有画出来。金文字形❸，树木上的鸟儿有些变形，不过更接近定型后"集"字上部的"隹"的形状。金文字形❹，这是"集"字所有字形中最美丽的一个，树木上栖止着三只鸟儿！而且鸟喙栩栩如生，羽毛似乎闪闪发光。三国时期《三体石经》上也刻有一个"集"字❺，鸟儿比树木的形体还大，鸟喙、眼睛非常形象，翅膀收拢，覆盖在"木"上。小篆字形❻，上部定型为"隹"。小篆字形❼，直接从金文字形❹演变而来，上部三个"隹"字。

《说文解字》："集，群鸟在木上也。"许慎的释义是根据小篆字形❼而来，三只鸟儿代表群鸟，因此"集"是一个会意字。《诗经》中有"黄鸟于飞，集于灌木"的诗句，跟"集"字的字形是多么相像！群鸟聚集在树上歇息，旅途暂时完成，因此"集"引申出成就、成功的意思，西周晚期青铜器"毛公鼎"上有"唯天将集厥命"的铭文，意思是上天将成就他的使命。从群鸟集于树上又可以引申出停留、聚集、安定的意思，还可以引申而用作名词，比如把诗文汇在一起称作诗集、文集，人群聚集的地方称作集市。

苏轼在《答丁连州朝奉启》中说："固无心于集菀，而有力于嘘枯。"不知道"集菀"和"嘘枯"这两个典故的读者，也就不懂得这两句话的意思。这两个典故出自《国语·晋语》。晋献公宠幸骊姬，骊姬想把自己的儿子奚齐立为太子，就向晋献公进太子申生的谗言，想杀害太子申生，但是大夫里克却偏向太子申生，于是派遣优施去游说里克。优施作歌，其中有这样两句："人皆集于苑，己独集于枯。""宛"通"菀"，草木茂盛的样子。这两句话是讽喻里克，说别人都往草木茂盛的地方去了，唯独您还停留在枯枝上。里克问何为"宛"何为"枯"，优施回答道："其母为夫人，其子为君，可不谓苑乎？其母既死，其子又有谤，可不谓枯乎？枯且有伤。""宛"意指受宠的奚齐，"枯"意指不受宠的太子申生。里克听后，选择了中立。这里的"集"就是停留的意思，后人就用"集宛"比喻趋炎附势，用"嘘枯"比喻扶助危难。

隼（sǔn）是一种凶猛的鹰，"集隼"是指栖止的鹰，但隼应该在山林里出没，如果栖止在人家的高墙上，必然会为人所射而坠落，所以"集隼"的"集"可以引申出坠落的意思，"集隼"即指坠落的鹰。据《国语·鲁语》记载，孔子在陈国时，"有隼集于陈侯之庭而死"，一支石制的箭头，长一尺八寸，射穿了它的身体。陈侯派人带着隼和箭去请教孔子，孔子说："这只隼从很远的地方而来，这支箭是北方的肃慎氏制造，献给周天子的。"后人于是用"隼集陈庭"来形容博闻强识。

① 甲骨文

② 甲骨文

③ 金文

④ 小篆

御轻舟而上溯，浮长川而忘反（曹植）

汉字身世小档案

- "御"的本义是驾驶马车，引申为驾驭一切运行或飞行之物。
- 因为本义为驾御，因此又引申出统治、治理的意思，最高统治者是皇帝，于是把帝王的所作所为以及帝王使用的器物都称"御"，同理，皇宫禁地也称"御"。
- 六宫中计有皇后、三夫人、九嫔、二十七世妇、八十一御妻。八十一御妻就是世妇管理的对象，九九八十一，故又称"九御"，《周礼》中称"女御"，"掌御叙于王之燕寝"。

御

古代帝王的所作所为以及帝王使用的器物都称"御"，比如御驾亲征、御用。这样的用法是如何演变而来的呢？

御，甲骨文字形❶，这是一个会意字，右边是一个半跪着的人形，左边是拧在一起的绳索，代表马鞭子，整个字形会意为人拿着马鞭子赶车。也有学者认为像人跪着迎接客人。谷衍奎《汉字源流字典》的解释则最为奇特，其中说："像一个人跪于悬铜（四棱鞭状兵器）前，是古代一种悬铜之祭，用以驱鬼避邪消灾除病。"甲骨文字形❷，左边添加了一个表示街道的"彳"，会意为在街道上赶车。金文字形❸，又在下面添加了一只脚，表示动作，字形变得复杂起来，而且字符之间有重复。小篆字形❹，直接从金文变化而来。

《说文解字》："御，使马也。"使马即驾驶车马，这是"御"字的本义。"御"排名古代教育学生的六艺（礼、乐、射、御、书、数）之一，可见"御"是古人必须掌握的基本技能。由本义引申为驾驭一切运行或飞行之物，如曹植诗"御轻舟而上溯"。因为本义为驾御，因此又引申出统治、治理的意思，最高统治者是皇帝，于是把帝王的所作所为以及帝王使用的器物都称"御"，同理，皇宫禁地也称"御"。

所谓"后宫佳丽三千人"，并不是准确的说法，根据《礼记》的记载："古者天子后立六宫，三夫人、九嫔、二十七世妇、八十一御妻，以听天下之内治，以明章妇顺，故天下内和而家理。"六宫制度是对应六官制度："天子立六官，三公、九卿、二十七大夫、八十一元士，以听天下之外治，以明章天下之男教，故外和而国治。"六官属外，六宫属内，所谓外治、内治，"内和而家理"，"外和而国治"。六宫中计有皇后、三夫人、九嫔、二十七世妇、八十一御妻，皇后当然是后宫中最至高无上的人；三夫人是分管六宫之官；九嫔"掌妇学之法，以教九御妇德、妇言、妇容、妇功，各帅其属而以时御叙于王所"；二十七世妇掌管祭祀、宾客等事宜；八十一御妻就是世妇管理的对象，九九八十一，故又称"九御"，《周礼》中称"女御"，"掌御叙于王之燕寝"。

这些女官有一个共同的职能，"御叙"。从"御"的本义——驾驶车马——引申出前进的意思，因为驾驶车马本来就是为了前进。蔡邕解释道："御者，进也。凡衣服加于身，饮食适于口，妃妾接于寝，皆曰御。"妃妾将自己进献给皇帝就叫"御"；"御叙"则是按照时日和尊卑的次序跟皇帝睡觉，尊者在前，卑者在后。九人为一组：八十一御妻跟皇帝睡九夜，二十七世妇跟皇帝睡三夜，九嫔跟皇帝睡一夜。而三夫人跟皇帝睡一夜，皇后自个儿跟皇帝睡一夜。男权社会的尊卑观念由此可见一斑。

"御"还可以当作抵御讲，《诗经·谷风》："我有旨蓄，亦以御冬。"旨蓄指贮藏的美味食品。不过这个义项的"御"后来写作"禦"，以示区别。

① 金文
② 金文
③ 金文
④ 小篆

花前自笑童心在，更伴群儿竹马嬉（陆游）

汉字身世小档案

- "童"的本义是指男性奴隶。
- 因为男性奴隶和儿童一样都不结发髻，引申为未成年的童子、儿童。"童蒙"一词，指幼稚蒙昧。
- "小童"是国君妻子的自称。

童

一个人年龄大了，但童心犹在，比如陆游的诗："花前自笑童心在，更伴群儿竹马嬉。""童"字今天使用最多的义项是儿童，但造字之初的意思可完全不同，而且还引申出一些非常有趣的义项。

童，金文字形❶，这个字形由三部分组成：头上是一把刑刀，中间是眼睛，下面是一个两端扎起口的布囊。金文字形❷，三个部分的字符更加清晰，最下面的"東"字就是布囊的形状。金文字形❸，变得更加复杂，下面又添加了一个"土"。小篆字形❹，在金文的基础上有所简化。

《说文解字》："童，男有罪曰奴，奴曰童，女曰妾。"这是一个会意兼形声的字，金文字形下面的"東"表声，上面的"辛"和"目"组合在一起，会意为用刑刀剃发和刺伤眼睛。这是古代的髡刑和黥刑。"髡（kūn）刑"是剃发，"黥刑"是刺伤眼睛后，再在额上刺字涂墨，以标记犯人身份。因此，"童"指受刑的人，这类人通常用作奴隶或仆婢，"童"的本义就是男性奴隶。也有学者认为受刑的人背着行囊，来会意为奴之意。《周礼》中规定："其奴，男子入于罪隶，女子入于舂槁。""罪隶"指罪人家属的男性没入官府为奴；"舂槁"是舂人和槁（gǎo）人的合称，这是两种官职，舂人掌管祭祀、吃饭时需要的大米，槁人掌管闲散官员的饮食，女奴为这两种官员工作，负责舂米和打杂。

男性奴隶怎么会引申为儿童之意呢？男性奴隶和儿童一样都不结发髻，因此引申为未成年的童子、儿童。为了区别这两个义项，后来当作奴仆讲又造了一个"僮"字，"童"就专指儿童了。

如今还在使用的"童蒙"一词，指幼稚蒙昧。年龄稍大的儿童称"成童"，有说八岁以上，有说十五岁以上，说法不一。有趣的是"小童"这一称谓。《论语·季氏》："邦君之妻，君称之曰夫人，夫人自称曰小童。"国君称妻子为夫人，但是妻子必须自称"小童"，这是因为男权社会中男尊女卑，国君的妻子也只能以仆自比。《左传·僖公》："凡在丧，王曰小童，公侯曰子。"国君居丧时也要自称"小童"，这是相对父母而言。"小童"的这两种称谓都是从"童"字的本义而来。

六朝时有"繁华子""繁华童"这样的流行词语，都是指美少年。沈约有诗："洛阳繁华子，长安轻薄儿。""既美修娪女，复悦繁华童。""修娪（hù）"是美好的意思。有人认为"繁华子"和"繁华童"都是男色或娈童的代名词。以"繁华"命名，大概与六朝乱世，人生如飘蓬，因此而颓废糜烂的风气相关吧。

"童"既指幼小未成年，又引申出无草木为"童"，不生草木的山叫"童山"。牛羊等动物未生角或无角也叫"童"，有个如今已不常用的成语叫"童牛角马"，无角之牛和有角之马，世间哪里有这样的牛马呢？因此比喻为根本不存在的事物。"童"又引申出处女或童男的贞操之意，比如童男童女。

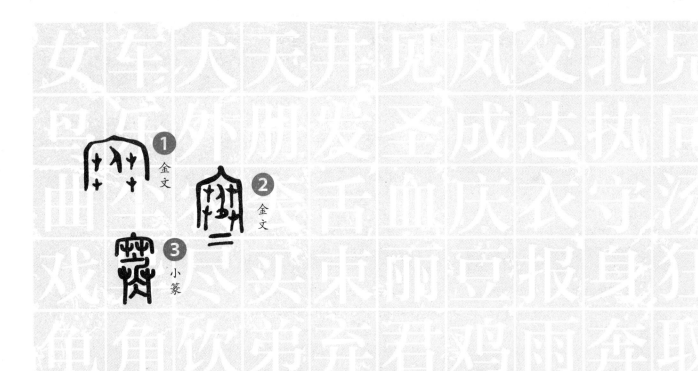

1 金文

2 金文

3 小篆

九月寒砧催木叶，十年征戍忆辽阳（沈佺期）

汉字身世小档案

- "寒"字极其复杂，在金文字形中，上面是房子，房子里面添加了许多东西：中间一个人，人的下面是脚，最下面的两横代表冰块，周围还是塞了四把草来御寒。
- 寒露的到来有三个征兆：第一个征兆是"鸿雁来宾"，第二个征兆是"雀入大水为蛤"，第三个征兆是"菊有黄花"。
- 小寒的三个征兆是："雁北向""鹊始巢""雉雊"。
- 大寒的"三候"是："鸡乳""征鸟厉疾"和"水泽腹坚"。

寒

寒冷仅仅是人体的一种感觉，能感觉到却看不见摸不着，因此这个字就被造得极其复杂。

寒，金文字形 ❶，这是一个会意字，上面是房子，房子里面有一个人，旁边是四把草，会意为用草来抵挡寒气。金文字形 ❷，字形更加复杂，上面还是房子，房子里面添加了许多东西：中间一个人，人的下面是脚，最下面的两横代表冰块，脚踩在冰块上可想而知多么寒冷！周围还是塞了四把草来御寒，估计造出这个字的古人，造字的时候一定也会感到全身冰冷吧！小篆字形 ❸，跟金文字形大同小异。楷体字形变形严重，完全没有寒冷的感觉了。

《说文解字》："寒，冻也。从人在宀下，以草荐覆之，下有仌。""仌"就是冰。古人对四季的变化很敏感，因此创造了四季之神，其中冬神称作"玄冥"，又称"司寒"，北方为冬，因此冬天时天子的各种器具都要使用黑色，祭祀司寒的时候，要使用黑牡（黑色的雄性牺牲）和秬黍（黑色的黍子）。

虽然冬天最为寒冷，但其实从秋分之后天气就开始转寒了，沈佺期有诗："九月寒砧催木叶，十年征戍忆辽阳。""砧"（zhēn）是捣衣石，"寒砧"指寒秋时节的捣衣声，秋景之冷落萧条可见一斑。

二十四节气中有三个与"寒"有关的是寒露，小寒，大寒。

每年阳历 10 月 8 日或 9 日为寒露，气温更低，空气已结露水，快要凝结成霜了，故称"寒露"。有三个征兆出现（"三候"），就意味着寒露到来了。第一个征兆是"鸿雁来宾"，古人认为鸿雁（大雁）是中国更北方的鸟类，这时大举南迁到中国南方过冬，就像来中国做客一样，故称"来宾"；第二个征兆是"雀入大水为蛤"，"蛤"（gé）指产于我国沿海一带的蛤蜊，"大水"即大海，天气转寒，雀鸟突然都不见了，而海边突然出现了很多蛤蜊，贝壳的条纹、颜色和雀鸟很相似，于是古人就认为"飞物化为潜物"，雀鸟化作了蛤蜊；第三个征兆是"菊有黄花"，菊花开始开放。

每年阳历 1 月 5 日、6 日或 7 日为小寒。《月令七十二候集解》解释道："月初寒尚小，故云，月半则大矣。"小寒的"三候"是：第一个征兆是"雁北向"，大雁开始北飞；第二个征兆是"鹊始巢"，此时北方到处可以见到喜鹊筑巢的繁忙景象；第三个征兆是"雉雊"，"雉"是野鸡，"雊"（gòu）是动词，专指野鸡鸣叫，野鸡感受到阳气而鸣叫。

大寒是二十四节气的最后一个节气，每年阳历 1 月 20 日或 21 日为大寒，是一年中最冷的时候。大寒的"三候"是：第一个征兆是"鸡乳"，可以孵小鸡了；第二个征兆是"征鸟厉疾"，征鸟是远飞的鸟，指鹰隼等猛禽，这些鸟正处于捕食能力极强的状态中，盘旋于空中到处寻找食物，以补充身体能量，抵御严寒；第三个征兆是"水泽腹坚"，在一年中的最后五天，河流中的冰一直冻到水中央，而且最结实，最厚。

① 甲骨文

② 甲骨文

③ 说文籀文

④ 小篆

已办青钱防雇直，当令美味入吾唇（杜甫）

汉字身世小档案

- "雇"最早读作"hù"，是指一种与农桑事有关的候鸟，用途是督促农民不要偷懒不要乱了农时。因此会意为借用、利用之意，引申为雇用。
- "雇"鸟共有九类，分别有不同的职能。

雇

182

"雇"这个字很有趣，今天的意思是出钱让人为自己做事，或者付报酬，比如"雇直"一词就是付费，杜甫有诗："已办青钱防雇直，当令美味入吾唇。"意思是准备好了青铜钱要付费买酒。今天的读音为"gù"，但最早却读作"hù"。

雇，甲骨文字形❶，这是一个会意兼形声的字，下面是一只鸟，上面是"户"，像"门"的一半，一扇为"户"，两扇为"门"。甲骨文字形❷，鸟儿和"户"换了位置。《说文解字》中还收录了说文籀文字形❸，鸟儿和半扇门的形状更加形象。小篆字形❹，上面是"户"，下面是"隹"。

《说文解字》："雇，九雇，农桑候鸟，扈民不淫者也。"原来，"九雇"是一种与农桑事有关的候鸟，用途是督促农民不要偷懒不要乱了农时。鸟儿是一类，但是根据一年四季不同的用途，又可以细分为九雇，以下分别讲述九雇的名称和具体的用途。

一、春雇，别称"鳻鶞"（fén chūn），形体较大的青色鸟，用途是催促农民按时耕种。

二、夏雇，别称"窃玄"。这里出现了一个奇怪的字：窃。古代学者们通常认为"窃"是"浅"的古字，"窃玄"即浅黑色，可见

夏雇是一种浅黑色的候鸟，用途是催促农民耘苗，除草间苗。

三、秋雇，别称"窃蓝"，浅青色的候鸟，用途是催促农民收获农作物。

四、冬雇，别称"窃黄"，浅黄色的候鸟，用途是催促农民盖藏，将农作物收藏进粮仓。

五、棘雇，别称"窃丹"，浅红色的候鸟，用途是驱赶别的鸟雀，不让它们啄食果木。"棘"是丛生的小枣树，多刺，取其用棘刺驱赶之意。

六、行雇，别称"唶唶"（jǐ），唶唶是这种鸟鸣叫的声音，用声音当作别称，用途是"昼为民驱鸟者也"，白天的时候为农民驱赶别的鸟雀。"行"取其飞行之意。

七、宵雇，别称"啧啧"（zé），也是取其鸣声当作别称，用途是"夜为农驱兽者也"，夜里为农驱赶野兽，故取"宵"为名。

八、桑雇，别称"窃脂"。这种候鸟的别称最有意思，古代学者们争论很多。一种说法是桑雇俗称青雀，嘴呈弯钩状，喜欢盗窃人家里肉食中的油脂和膏，故名窃脂。但是如此一来，上面几种候鸟的别称——窃玄、窃蓝、窃黄、窃丹——就无法解释了，颜色怎

么能够窃走呢？因此最有说服力的解释，"窃"还是"浅"，油脂呈白色，因此"窃脂"就是浅白色，"桑雇"就是浅白色的候鸟，用途是为桑蚕驱赶别的鸟雀，故取"桑"为名。

九、老雇，别称"鷃鷃"（yàn），也是取其鸣声当作别称，用途是催促农民收麦子的时候不能起晚了。老人都起得早，故取"老"为名。

"雇"是怎么会意的呢？白川静先生认为"户"是指神龛的单扇门，在"户"前放置鸟儿进行占卜，借用鸟儿的神力问询神意，因此会意为借用、利用之意，引申为雇用。不过我的看法不同，从字形来看，"雇"就是一只鸟儿飞到门前，用叫声来催促农民进行各种农桑活动，就像是大自然雇用来催促的一样，因此会意为借用、利用之意，引申为雇用。

《左传·昭公十七年》中有"九扈"的官职，"为九农正，扈民无淫者也"。"扈"是后起的字，九扈本为九雇，因声通假，借用鸟名以作农事官员的官职之名。经过漫长的语音演变，"雇"的读音从"hù"演变为"gù"，这个字的起源也渐渐被人忘却了。

① 金文
② 金文
③ 侯马盟书
④ 小篆

诸侯不臣寓公（《礼记》）

汉字身世小档案

- "禺"的本义是指大猕猴。"寓"由"禺"在屋子里短暂地供人取乐引申出寄居、寄住、寄托之意。"寓"还有"观看"的意思。
- "寓公"是指失地后寄居他国的贵族，引申为凡是流亡寄居他国的官僚和士绅都称为"寓公"。
- 在古人的想象中，原始的鬼不过就是一个大头人，头大如斗，以至于压得人站不起身。

要想弄清楚"禺"这个字的本义，必须先从"禺"字入手，因为"禺"是"寓"这个字最重要的组成字符。

"禺"是一个非常有意思同时也争议颇多的汉字，金文字形❶，这是一个象形字，至于像的是什么东西，需要细细分说。先来看许慎在《说文解字》中的解释："禺，母猴属，头似鬼。"有学者指责许慎将"禺"仅仅解释为母猴是错的，其实这种猴类的"禺"就是猕猴，楚人称作沐猴，"沐猴而冠"这个成语就是讽刺楚人项羽像一只戴帽子的猕猴，看着像人，其实还是一只猴子。许慎所说的"母猴"是沐猴、猕猴的声转。

郭璞说："禺似猕猴而长，赤目长尾。"看来"禺"就是大猕猴。灵长类的动物类人，比如狒狒、猩猩和猴子，因此在"禺"字的金文字形❶中，上半部就用鬼头来代表，甲骨文的"鬼"字，下面是一个朝左边跪着的人，头上顶着一个大大的怪异的脑袋。在古人的想象中，原始的鬼不过就是一个大头人，头大如斗，以至于压得人站不起身。《说文解字》："人所归为鬼。"即使是类人的动物，也不能用人的头部来代表，因此就用似人的鬼头来代表。

这颗鬼头还拖着一条长长的尾巴，这条尾巴也是区别于人的重要特征。这个字形的下半部分，有人说是手叉住蛇，泛指动物。此说不确。应该是一种称作"三隅矛"的矛，尖端带有三个矛尖。捕捉"禺"的时候，借助三隅矛才能捉住，因此"禺"的金文字形就是一只被三隅矛捉住的大猕猴的样子。

寓，金文字形❷，这只"禺"被带到了屋子里面，显然是用来取悦主人。"寓"的造字思维跟"偶"一样，"偶"是模仿"禺"的样子造成的木偶，用来取乐。如此一来，"寓"就是一个会意字，会意为使用猕猴等动物来取乐的场所，"禺"同时兼作声符。许慎在《说文解字》中将"寓"解释为"寄也"，这是引申义，由"禺"在屋子里短暂地供人取乐引申出寄居、寄住、寄托之意，比如"寓言"就是用假托的故事来说明自己的观点。"寓"还有一个义项"观看"，正是由其本义而来，比如"寓赏"即为观赏，"寓视"即为注视，想想人们在屋子里面注视、观赏猕猴的各种作态，多么形象！

山西侯马晋国遗址出土的"侯马盟书"，"寓"字在春秋晚期侯马盟书的字形为❸，上面是"穴"，下面的"禺"更突出了三隅矛的样子。小篆字形❹。

大概很多人都以为"寓公"乃是近代名词，其实不然，这个称谓早在先秦时期就已经出现了。《礼记·郊特牲》中载："诸侯不臣寓公，故古者寓公不继世。"郑玄解释说："寓，寄也。寄公之子，非贤者，世不足尊也。"孔颖达进一步解释说："寄公者何也？失地之君也。或天子削地，或被诸侯所逐，皆为失地也。诸侯不臣者，不敢以寄公为臣也。"因此"寓公"是指失地后寄居他国的贵族，引申为凡是流亡寄居他国的官僚和士绅都称为"寓公"。所以，可不能将只要住在公寓里的人都叫作"寓公"啊！

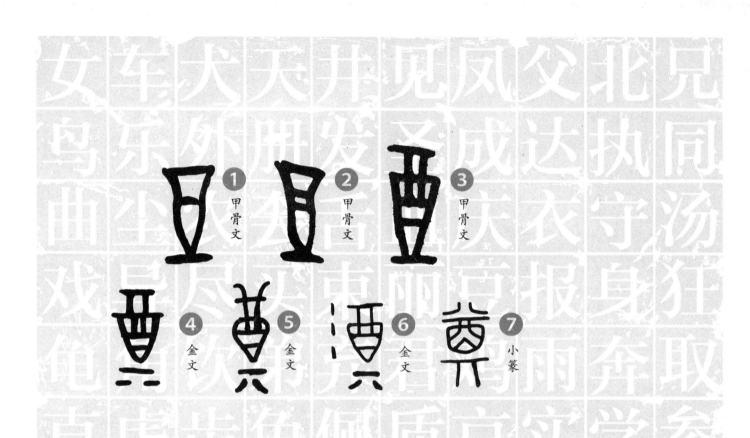

奠雁迎门，濡苹实俎（庾信）

汉字身世小档案

- "奠"的本义是置酒食而祭。
- 古时嫁女要用鱼和苹藻祭祖，称"濡苹实俎"。而新郎到女方家迎亲，要献上大雁作为礼物，故称"奠雁迎门"。
- "奠"指为置酒食而祭，酒坛子就要稳稳地放置在地面或者祭台之上，因此"奠"引申出"定"的义项，比如"奠基"一词。

"国之大事，在祀与戎。"在古人的日常生活中，祭祀占有非常重要的地位，而酒，又是祭祀中非常重要的祭品，因此，凡是含有"酒"的汉字，也大多与祭祀密切相关。

奠，甲骨文字形❶，这是一个会意字，上面可以很清楚地看出是一个酒坛，下面的一横代表地面，酒坛放置在地面上，是要准备开始祭祀了。甲骨文字形❷，酒坛中的两横代表酒。甲骨文字形❸，上面是一个"酉"字，"酉"就是酒坛的形状。金文字形❹，在代表地面的一横下面添加了两点，表示酒滴洒了出来。金文字形❺，"酉"的下面又添加了一个"八"字形，许慎这样解释这个"八"字形："象分别相背之形。"这是指酒坛中的酒是陈酒，酒糟下沉，水往上浮。金文字形❻，左边干脆添加了三点水，表示酒洒出来的样子。小篆字形❼，下面地面和酒滴的形状加以变形，变成了垫东西的架子，也可以视作祭祀专用的祭台或祭案。楷体字形的下面讹变为"大"。

《说文解字》："奠，置祭也。"置祭者，置酒食而祭也。这是"奠"的本义。郑玄说："非时而祭曰奠。"所谓"非时而祭"，是指不在规定时间内的祭礼。这种"非时而祭曰奠"的祭礼称作"释奠"或"舍奠"，"舍"通"释"。所谓"释奠"，

郑玄解释说："设荐馔酌奠而已。"同样是陈设酒食祭祀的意思。古时，朝会、庙社、山川、征伐和学宫中祭先圣先师都要使用"释奠"的祭礼。《周礼》中规定："大会同，造于庙，宜于社，遇大山川，则用事焉；反行，舍奠。"天子和诸侯会见的时候，要祭庙和社后才能出行，遇到山川也要祭祀，返回的时候，同样要举行"舍奠"之礼。这些都属于"非时而祭"。

此外，学宫中春夏秋冬亦有定期的"释奠"，学宫刚建成使用的时候也要举行"释奠"之礼。《礼记·文王世子》中规定："凡学，春官释奠于其先师，秋冬亦如之。凡始立学者，必释奠于先圣先师。"出征返回之后，也要"释奠"，《礼记·王制》中规定："出征，执有罪，反，释奠于学，以讯馘告。""讯"是讯问生俘，"馘"（guó）是割取敌人的左耳，用以计数报功。押解生俘，陈设左耳，在学宫中祭祀先圣先师。

古代婚礼有一项非常有趣的程序，称作"奠雁"，庾信曾经形象地描绘了这一礼节："奠雁迎门，濡苹实俎。"古时嫁女要用鱼和苹藻祭祖，将湿润的苹藻装在"俎"这种祭器之中，故称"濡苹实俎"；而新郎到女方家迎亲，要献上大雁作为礼物，故称"奠雁迎门"。这里的"奠"是引申而来的"敬献"之意。为什么要用大雁迎亲呢？郑

玄解释说"取其顺阴阳往来"，贾公彦进一步解释说："顺阴阳往来者，雁木落南翔，冰泮（pàn，消融）北徂，夫为阳，妇为阴，今用雁者，亦取妇人从夫之义，是以婚礼用焉。"其意甚明。

"奠"即为置酒食而祭，酒坛子就要稳稳地放置在地面或者祭台之上，因此"奠"引申出"定"的义项，比如"奠基"一词，定下建筑物的地基，这个建筑物的地基，跟"奠"字甲骨文和金文字形下面那一横，或者小篆字形下面那座祭台是多么相像啊！

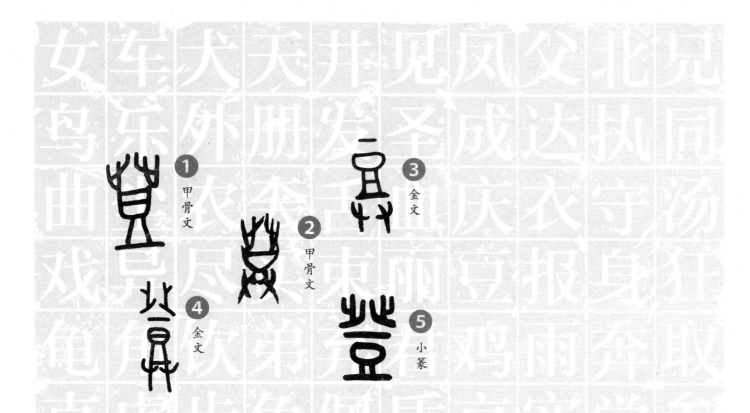

① 甲骨文

② 甲骨文

③ 金文

④ 金文

⑤ 小篆

卬盛于豆，于豆于登（《诗经》）

汉字身世小档案

- "登"是一个会意字，会意为用双手捧持着盛满东西的"豆"，登上宗庙的台阶，供献给祖先。
- 据《吕氏春秋》记载，仲夏之月，也就是农历五月，"农乃登黍"，农民要在这个月进献黍子。进献、供献新的农作物，乃是丰收之后的一种仪式，"登"由此而引申为成熟、丰收之意。
- "登"是蹲的意思，升高于茅坑之上，因此又称"登坑"。

登

今天最常使用的"登"的义项，只用作攀登、登山，但是在古代，这个字的义项非常丰富，而且跟祭祀制度大有关系。

登，甲骨文字形❶，这是一个会意字，下面是一个高脚容器"豆"，上面是并排的双足。有学者认为下面形似可以踩踏的高台，双足踩着踏台而上。但我们来看甲骨文字形❷，在"豆"的下面又添加了两只手。金文字形❸，上面的双足没了，仅剩下面捧持的双手。金文字形❹，双手、双脚俱全，而且"豆"中似乎盛的还有什么东西。小篆字形❺，又复简化为双足和"豆"的原始形态。楷体字形上面的双足加以变形了。

《说文解字》："登，上车也。"许慎认为"登"是一个象形字，像上车之形。这是错误的。从甲骨文和金文字形看得非常清楚，这是一个会意字，会意为用双手捧持着盛满东西的"豆"，登上宗庙的台阶，供献给祖先。《诗经·生民》中的诗句就是这种仪式的形象写照："卬盛于豆，于豆于登。""卬"（áng）表示第一人称"我"。我将祭品盛放在"豆"中，既盛放在"豆"中也盛放在"登"中。"豆"和"登"是两种祭器。值得注意的是，此处的"登"引申为祭器的称谓，木制的叫作"豆"，瓦制的叫作"登"。

据《吕氏春秋》记载，仲夏之月，也就是农历五月，"农乃登黍"，农民要在这个月进献黍子。古时以农为重，进献、供献新的农作物，乃是丰收之后的一种仪式，"登"由此而引申为成熟、丰收之意。比如有"五谷丰登"的成语，各种农作物成熟丰收，是社稷安宁的象征；相反，"五谷不登"，各种农作物不丰收，是乱世的象征，孟子评价为"五谷不登，禽兽逼人，兽蹄鸟迹之道交于中国"。

"登"又可引申为升高、登上，再引申出升任、提拔之意，科举考试中选也称作"登"，所谓"登科""登龙门"即是指科举中试。

有趣的是，古代民间常常使用"登东"这一俗语，不了解这一俗语来历的读者通常会瞠目不知所云。《京本通俗小说》中有一篇《拗相公》，其中写道："荆公见屋傍有个坑厕，讨一张毛纸，走去登东。"从上下文意可以看出，"登东"就是上厕所。为什么是"上厕所"的意思呢？原来古代的厕所大都建在东角，称作"东圊"，"圊"（qīng）是清除污秽的意思，因以名厕。此处的"登"是蹲的意思，升高于茅坑之上，因此"登东"又称"登坑"。

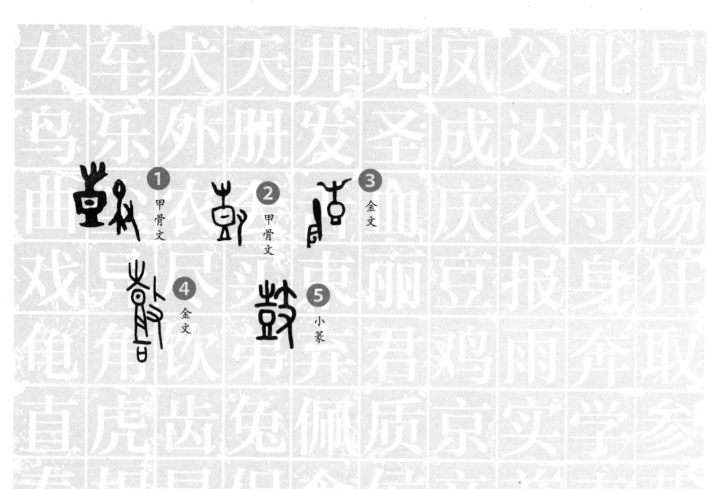

① 甲骨文
② 甲骨文
③ 金文
④ 金文
⑤ 小篆

天将大雨，商羊鼓舞（《论语》）

汉字身世小档案

- "鼓"是一个会意字，甲骨文字形的左边是一只鼓的形状，右边是一只手，中间是鼓槌，手拿着鼓槌在敲鼓。
- 《周礼》中有"鼓人"一职，"掌教六鼓、四金之音声"。
- "鼓"本是名词，后来引申为动词，义项繁多，比如击鼓进攻、敲击弹奏、摇动、鼓动等等。有趣的用法比如鼓腹，比喻饱食终日，无所事事；比如鼓舌，形容花言巧语，卖弄口舌。

鼓

《孔子家语·辩政》中记载了一种有趣的动物："齐有一足之鸟，飞集于宫朝，下止于殿前，舒翅而跳。齐侯大怪之，使使聘鲁，问孔子。孔子曰：'此鸟名曰商羊，水祥也。昔童儿有屈其一脚，振讯两眉而跳且谣曰：天将大雨，商羊鼓舞。今齐有之，其应至矣。急告民趋治沟渠，修堤防，将有大水为灾。顷之大霖雨，水溢泛诸国，伤害民人，唯齐有备，不败。'"

关于商羊这种有趣的动物，王充解释道："商羊者，知雨之物也；天且雨，屈其一足起舞矣。"孔子口中的商羊出自齐国小儿的童谣："天将大雨，商羊鼓舞。今齐有之，其应至矣。"这里的"鼓舞"一词是引申义，形容手足舞动的样子，因为商羊乃一种动物，如何能够击鼓？"屈其一足起舞"倒是大有可能。

鼓，甲骨文字形 ❶，这是一个会意字，左边是一只鼓的形状，右边是一只手，中间是鼓槌，手拿着鼓槌在敲鼓。甲骨文字形 ❷，鼓槌看不出来。金文字形 ❸，鼓的形状更加形象，左边的鼓槌也变得更粗，手牢牢地执着粗粗的鼓槌，用力敲击的声响似乎都能听得清清楚楚。金文字形 ❹，左边鼓的形状变得复杂起来了。小篆字形 ❺，直接从金文而来。

《说文解字》："鼓，郭也。春分之音，万物郭皮甲而出，故谓之鼓。"《释名》："鼓，廓也。张皮以冒之，其中空也。"原来，"郭"通"廓"，是用动物的皮覆盖在鼓上。许慎的意思是说鼓乃春分之音，春分之时，就像种子拱破土壤表皮发芽而出一样，万物也都破皮甲而出。许慎的解释已经是引申义，"鼓"的本义就是一种打击乐器，从手持鼓槌敲击的动作即可看出。

《周礼》中有"鼓人"一职，"掌教六鼓、四金之音声"。何谓"六鼓"？雷鼓，八面鼓，祭祀天神所用；灵鼓，六面鼓，祭祀土地神所用；路鼓，四面鼓，祭祀宗庙所用；鼖（fén）鼓，军事上所用的大鼓；鼛（gāo）鼓，劳役之事所用的大鼓；晋鼓，作乐时与钟相应和的鼓。鼖鼓、鼛鼓、晋鼓都是两面鼓。何谓"四金"？四金是用金属制作的四种乐器，分别是：金錞（chún），形状像上大下小的圆筒，击打之以与鼓声相和；金镯，形状像小的钟，用来节制、管束鼓声；金铙（náo），形状像没有舌头的铃，执柄而鸣，是停止击鼓的信号；金铎（duó），大铃，摇振发声，传令击鼓，一人先击鼓，众人跟着击鼓。

相传伊耆氏造鼓，夏商周三代的形制则有所增加。夏代加上了四足，称作足鼓；商代用木柱从鼓中穿过，使之竖立，称作楹鼓，楹就是柱子；周代则开始把鼓悬挂起来，称作悬鼓。

"鼓"本是名词，后来引申为动词，义项繁多，比如击鼓进攻、敲击弹奏、摇动、鼓动等等。有趣的用法比如鼓腹，像鼓面一样凸起肚子，比喻饱食终日，无所事事；比如鼓舌，把舌头像鼓面一样凸出，形容花言巧语，卖弄口舌。

① 甲骨文　② 金文　③ 金文　④ 金文　⑤ 小篆　⑥ 楷书繁体

八音斯奏，三献毕陈（魏徵）

汉字身世小档案

- "羹献"是指用人吃剩的残羹养狗，养肥后可以献祭于鬼神。因此"献"会意为献祭。
- 古代举行祭祀的时候还要献酒三次，称作"三献"。初献爵，亚献爵，终献爵，是为"三献"。
- "三献玉"来源于和氏璧的故事，意思是怀才难遇知音。
- "献曝""献芹"的意思是谦称自己的礼物微薄或者建议浅陋。

献

"献"是个非常有趣的汉字，它的本义和引申义都跟古时候的祭祀制度不可分割。

献，甲骨文字形❶，这是一个会意字，右边是一只犬，左边是一只鬲，鬲是鼎的一种，用于烧煮或烹炒的炊具。金文字形❷，左边鬲的形状有所变化。金文字形❸，左边又像鬲又像鼎的样子。金文字形❹，左边的鬲上铸有虎形斑纹作装饰，也有学者说是声符。小篆字形❺，直接从金文字形而来。楷书繁体字形❻，同于小篆。简化后的简体字，左边鬲的形状完全失去了。

《说文解字》："献，宗庙犬名羹献，犬肥者以献之。"徐中舒先生认为金文的虎头形是指在鬲中煮虎作牺牲。犬是古人最早驯化的六畜（马、牛、羊、豕、犬、鸡）之一，用于祭祀宗庙的犬叫"羹献"，所谓"羹献"，是指用人吃剩的残羹养狗，养肥后可以献祭于鬼神。因此"献"会意为献祭。白川静先生有不同的意见，他认为祭祀时向神供献的祭器，要事先用犬牲之血清祓，清除污秽方才可以祭献。这种清祓过的鬲形祭器就叫作"献"，引申而为动词，献祭、进献、奉上的意思。有了这些引申义之后，"献"就不专指献犬了，献禽、献羔、献酒，都可以使用"献"字。

古代举行祭祀的时候还要献酒，献酒三次，称作"三献"。初献爵，亚献爵，终献爵，是为"三献"。魏徵有诗"八音斯奏，三献毕陈"，奏乐的同时还要"三献"。祭祀宗庙的礼仪非常复杂，从一献、二献，直到九献的规定，包括穿的衣服、戴的礼帽、供的祭酒，都有严格的等级规定，此处不赘述。

古诗文中经常出现"三献玉"的说法，贾岛有诗："眼中两行泪，曾吊三献玉。"这个典故出自著名的和氏璧。楚国人和氏得到一块宝石，先献给厉王，玉人鉴定为石头，厉王砍掉了和氏的左足；厉王死后，又献给武王，武王砍掉了和氏的右足；武王死后，和氏抱着这块宝石哭了三天三夜，泪血俱下，文王的玉人剖开宝石，这才发现真是美玉。后人于是用"三献玉"作为怀才难遇知音之典。

除了献玉之外，还有献曝、献芹的典故。列子讲过这样一个故事：宋国有位贫穷的田夫，过冬的时候仅能穿得起破烂的粗麻布衣服。春天到来，田夫暖洋洋地晒着太阳，觉得天下的享受莫过于此，突发奇想，对妻子说："负日之暄，人莫知者；以献吾君，将有重赏。"他竟然天真到以为别人都不知道晒太阳的享受，想把这个秘诀献给国君求赏！乡里的富人对他说："过去有个喜欢吃胡豆、麻秆和芹菜梗的人，推荐给富人，富人一吃之下，却难以下咽。你就是这样的人。"后人于是用"献曝""献芹"谦称自己的礼物微薄或者建议浅陋。嵇康在著名的《与山巨源绝交书》中写道："野人有快炙背而美芹子者，欲献之至尊，虽有区区之意，亦已疏矣。"就是讲的这个故事。

① 金文

② 金文

③ 金文

④ 小篆

我无尔诈，尔无我虞（《左传》）

汉字身世小档案

- "虞"的本义是披着虎皮歌舞娱乐。
- 驺虞是种仁义之兽，因为它不吃活物，专吃死兽，不会伤害别的动物，有好生之德。
- 祭祀神灵是怕神灵对人不利，由此引申出忧虑、忧患的意思，比如"四方无虞"。有忧患就要加强戒备，因此又引申出防范、事先料想的意思，比如"不虞"指意料不到。

虞

"虞"字在今天使用最多的义项是当作姓，姓虞，还有一个使用较多的义项，料想，多用作书面语。但是在古代，这个字的本义和引申义却都非常有意思。

虞，金文字形❶，许慎根据小篆字形认为这是一个形声字，但是我们看金文字形，应该是一个会意字。上面是虎头，左下是一个人侧着头翩翩起舞的样子，右边是"口"，表示歌唱。整个字形会意为：一个人戴着虎头面具，侧着头翩翩起舞，边舞边唱。金文字形❷，人和虎头面具的结合更紧密。金文字形❸，人和虎头面具结合为一体，"口"移到右边。小篆字形❹，变成了上中下结构，也变成了一个形声字。楷体字形的下面定型为"吴"，仅仅用来表声了。

《说文解字》："虞，驺虞也。白虎黑文，尾长于身。仁兽，食自死之肉。"此说不确，本义应该是披着虎皮歌舞娱乐。白川静先生认为这个字形中的"口"是"置有向神祷告的祷词的祝咒之器"，那么"虞"字就会意为人身披虎皮手举祭器起舞，以此祭祀神灵。这个见解很有道理，因为古时有一种祭礼就称作"虞祭"，指人埋葬之后举行的祭礼，祈祷亡人的灵魂安息。

现在我们来看看许慎所说的

"驺虞"这种动物。"驺虞"又叫"驺吾""驺牙"。据《山海经》记载："林氏国有珍兽，大若虎，五采毕具，尾长于身，名曰驺吾，乘之日行千里。"

传说驺虞是一种仁兽、义兽、瑞兽，长相如同《山海经》所言，但也有别的说法，有说就是白虎，身上有黑色的斑纹。为什么说驺虞是仁义之兽呢？因为驺虞不吃活物，专吃死兽，不会伤害别的动物，有好生之德。为什么又说驺虞是瑞兽呢？因为如果国君有诚信之德，驺虞就会应之而来，所谓"有至信之德则应之"。

《诗经》中有一首诗专咏这种动物，篇名就叫《驺虞》，只有短短六句："彼茁者葭，一发五豝，于嗟乎驺虞！彼茁者蓬，一发五豵，于嗟乎驺虞！"射满十二支箭叫"一发"；"于嗟乎"是表示赞美的感叹词；"豝"（bā）是母猪；"豵"（zōng）是公猪。朱熹认为这首诗吟咏的是春日打猎，草木茂盛，野兽众多，人们猎取野兽，但又不赶尽杀绝，推仁政及于禽兽，"此其仁人自然，不由勉强，是即真所谓驺虞矣"。

但是大多数学者都不同意这种解说，而是将之视为赞美猎人的歌。"驺"是马厩，引申为天子的园囿；"虞"从驺虞这种野兽引申为掌管山泽之兽的官员，周代

有"虞人"的官职。鲍昌先生则把"驺"训为饲养牲畜的人，把"虞"训为披着虎皮大声呼叫的人，把"驺虞"合训为猎人。

祭祀神灵是怕神灵对人不利，由此引申出忧虑、忧患的意思，比如"四方无虞"，四方都没有忧患；有忧患就要加强戒备，因此又引申出防范、事先料想的意思，比如"不虞"指意料不到；由防范、戒备又可以引申出欺诈的意思，比如"尔虞我诈"的成语，即《左传》中的盟誓之辞："我无尔诈，尔无我虞。"

① 甲骨文

② 金文

③ 金文

④ 小篆

⑤ 小篆

寡人夜者寝而不寐（《春秋公羊传》）

汉字身世小档案

- "寐"是指正常的睡觉，而"寝"则是生病了躺卧着。后来两个字就不再加以区分，统一使用"寝"字了。
- 《礼记·曲礼上》中有这规定：如果要"寝"，不能伏在桌子上，要躺到床上去睡。
- "寝"有一个非常有趣的义项，当作形容词用：丑陋。

寝

在《说文解字》中，"寝"和"寝"是两个不同的字。让我们来看看这两个有趣的汉字是怎么演变并且合而为一的。

寝，甲骨文字形❶，这是一个会意字，上面是房屋之形，房屋的里面是一把扫帚，会意为用扫帚把屋子打扫干净，准备睡觉了。金文字形❷，同于甲骨文。金文字形❸，扫帚下面添加了一只手，表示手持扫帚；左边添加了一个女人，表示女人手持扫帚打扫。小篆字形❹，同于金文。今天使用的"寝"字，把小篆字形中的"人"改成了"爿"，就是床，同样会意为就寝。

《说文解字》："寝，卧也。"而"寝"字的小篆字形❺，在屋子的里面，左边是"爿"，一张床。右边则极为复杂：上面是"夢"的省写，下面还是"帚"。打扫干净屋子之后睡觉，然后开始做梦，做梦则人昏昏沉沉，因此《说文解字》如此解释这个字："寝，病卧也。"那么，这两个字的区别就是："寝"是正常的睡觉，而"寝"则是生病了躺卧着。后来两个字就不再加以区分，统一使用"寝"字了。

《论语》中有个小故事："宰予昼寝，子曰：'朽木不可雕也，粪土之墙，不可杇也；于予与何诛？'"宰予是孔子的学生，他"昼寝"，大白天的偏偏去睡觉，于是孔子感叹道："腐朽的木头不可雕刻，粪土垒起来的墙壁无法粉刷，对宰予这样一个人，责备他还有什么用呢！"

《礼记·曲礼上》中有这样的规定："寝毋伏。"如果要"寝"，不能伏在桌子上，要躺到床上去睡。"寝"的字形中原本就没有桌子的字符，所以这样的规定是非常合理而且有趣的。孔子之所以批评宰予朽木不可雕，就是因为他"昼寝"，大白天却跑到床上去睡觉。假如宰予只是坐着或者伏在桌子上打一会儿盹，估计孔子也不会这么生气吧。

《春秋公羊传》中，晋献公因为有心事，对大臣们哀叹道："寡人夜者寝而不寐。"躺在床上睡觉，但是却没有睡着。"寐"是睡着的意思。由此可见，古人关于睡觉的各种字眼是分工很细的。

《尔雅·释宫》："室有东西厢曰庙，无东西厢有室曰寝。"这是古代的寝庙制度，前面的正殿称"庙"，后殿称"寝"。孔颖达解释说："庙是接神之处，其处尊，故在前；寝，衣冠所藏之处，对庙为卑，故在后。"庙有东西厢房，寝则只有内室，用来放置祖先的衣冠，表示祖先的灵魂还在这里躺卧着。这是由"寝"的本义引申而来当作名词使用了。

此外，天子和诸侯处理政事的正厅称作"路寝"或"大寝"；处理完政事，回到寝宫，脱去朝服，休息的地方称作"小寝"或"燕寝"。这些都是君王的宫室，因此又引申为帝王的陵墓也有"寝"，位置在墓的一侧，取寝庙制度"前曰庙，后曰寝"的遗制。

"寝"还有一个非常有趣的义项，当作形容词用：丑陋。古籍中多有"貌寝""貌寝陋"的记载，想一想"寝，病卧也"这个解释吧，生病卧床的人，容貌当然好不到哪里去，故而如此引申。古人的心思，有时候也刻薄得很呢！

① 甲骨文　② 甲骨文　③ 金文　④ 金文　⑤ 小篆

壶浆远见候，疑我与时乖（陶潜）

汉字身世小档案

- "疑"的本义是在十字路口迷路后的疑惑之态。
- "犹"是一种猴类，又叫犹猢，性情多疑，一旦发现有风吹草动，立马爬到树上观察敌情，没有发现什么动静，又从树上溜下来，四处张望，突然又开始生疑，又爬回树上观察……如此这般不停地折腾自己，因此而有"犹疑"一词。
- 相传上古时期，天子身边有四位辅佐的大臣："疑"的职责是为天子答疑；"丞"的职责是"志"，记录；"辅"的职责是"正"，纠正；"弼"的职责是"扬"，称扬。合并而称，则为疑丞、辅弼。

疑

我一直以为"怀疑"这么抽象、这么看不到摸不着的人类心理活动，最初造字的时候不可能清晰地表述出来，可是没想到甲骨文里就已经有了"疑"字，而且古人的造字智慧令人叹为观止。

疑，甲骨文字形 ❶，这是一个会意字，一个右手持杖的人张开胳膊站着，张大嘴向右边观望，发傻的样子憨态可掬。甲骨文字形 ❷，右边添加了表示半个十字路口的"彳"，这个人显然在十字路口处迷路了。

疑，金文字形 ❸，左边添加了一个牛头，非常令人费解。有人认为这是一个声符。还有人解读为用牛头来暗示这人是一个牧童，牧童迷路了。我倒觉得古人的思维没有浪漫到这个程度。最初造字的古人之所以选择持杖、持牛头的这个人来会意，那么这个人一定是一位重要人物，因为只有重要人物的迷路才足以造成相当严重的后果，从而使人印象至深。我认为这个人是一位负责祭祀事宜的官员或者宿，持杖表示他地位较高，持牛头表示他要牵着用作牺牲的牛去参加祭祀的仪式，这样一个人迷路了，参加仪式的众人肯定都非常着急，于是就把这种真实的情景植入造字的思维中去了。

疑，金文字形 ❹，牛头上方再次出现了所持的杖的形象，这人一定心烦意乱之极。小篆字形 ❺，变形严重，右上角的牛头变形为"子"，从而使许慎等人误会为"从子"，徐锴甚至解释为"幼子多惑"，实在跟甲骨文和金文字形相差甚远。楷体字形右上角的"子"再次严重变形，持杖、持牛头的样子完全看不出来了。

《说文解字》："疑，惑也。"陶渊明诗"壶浆远见候，疑我与时乖"，大老远送来茶水和好酒，原来是怀疑陶渊明与时乖违。许慎没有见过甲骨文和金文，因此只好用同义字"惑"来解释，却不知道"疑"的造字本义是在十字路口迷路后的疑惑之态。湖南有座山叫"九疑山"（也写作"九嶷山"），九条溪谷都高度相似以至于分不出来，就跟这位分不清到底是哪个十字路口的人一样，故称"九疑"。

"犹"是猴类，又叫犹猢，给《史记》作索隐的司马贞引用崔浩的话："卬鼻，长尾，性多疑。"高鼻子，长尾巴，性情多疑，一旦发现有风吹草动，立马爬到树上观察敌情，没有发现什么动静，又从树上溜下来，四处张望，突然又开始生疑，又爬回树上观察……如此这般不停地折腾自己，因此而有"犹疑"一词。颜师古说"狐"这种动物："狐之为兽，其性多疑，每渡冰河，且听且渡。故言疑者，而称狐疑。"因此而有"狐疑"一词。

相传上古时期，天子身边有四位辅佐的大臣，称作"四辅"或者"四邻"。据《尚书大传》记载："古者天子必有四邻：前曰疑，后曰丞，左曰辅，右曰弼。天子有问无以对，责之疑；可志而不志，责之丞；可正而不正，责之辅；可扬而不扬，责之弼。""疑"的职责是为天子答疑；"丞"的职责是"志"，记录；"辅"的职责是"正"，纠正；"弼"的职责是"扬"，称扬。合并而称，则为疑丞、辅弼。

① 甲骨文

② 金文

③ 金文

④ 金文

⑤ 小篆

民之秉彝，好是懿德（《诗经》）

汉字身世小档案

■ "彝"的本义是双手捧着鸟或鸡进献给神灵和祖先。

■ 周代有司尊彝的官职，六彝是六种酒器，分别是：鸡彝、鸟彝、斝彝、黄彝、虎彝、蜼彝。

彝

今天最常使用的"彝"这个字的义项是彝族，除此之外再也没有别的义项了。其实彝族称谓中的"彝"只是音译，借用了这个字来代表而已。但是在古代，"彝"这个字可是跟人们的关系非常密切，而且在日常生活中出现的频率极高。

彝，甲骨文字形❶，这是一个会意字，上面是一只鸟或鸡的形状，下面是两只手，左边是表示升降的符号，会意为双手捧着鸟或鸡进献。金文字形❷，鸡的样子更加栩栩如生。金文字形❸，这只站立的鸡好像有点儿肥，鸡的右下部很明显可以看出一根绳子，用它拴着翅膀。至于鸡嘴部的两点，鸡作为牺牲要煮熟才能进献，有人说这两点表示香气溢出，我认为应该是溅出的汤滴，添加这两点汤滴，更能表现出祭祀的虔诚。金文字形❹，上面的鸡变形严重，好像"豕"形，以至于有人误以为由献鸡变成了献豕（猪）。鸡的右边还是用来拴的绳子，鸡的嘴部还是溅出的汤滴。小篆字形❺，讹变得非常厉害，最上面是鸡头的变形，中间是汤滴讹变成的"米"，拴鸡翅膀的绳子定型为"系"。楷体字形下面的双手也发生了变异。

《说文解字》："彝，宗庙常器也。"许慎的意思是说"彝"是宗庙中用作祭祀常备的祭器。其实

这只是"彝"的引申义，本义应该是双手捧着鸟或鸡进献给神灵和祖先。从这个本义才引申出"宗庙常器"的意思。宗庙里的祭器是不能更动的，故称"常器"。徐中舒先生解释得最为贴切："像双手捧鸟形。古者宗庙祭祀每以鸟为牲，甲骨文彝字正像以鸟献祭之形。后更取鸟形以为宗庙器，故名其器曰'彝'。彝既为献祭时常用之器，后世乃以彝为宗庙器之共名，进而以为一切贵重器之共名。"

由"宗庙常器"又可以引申出常规、法度之意，《诗经·烝民》："民之秉彝，好是懿德。"郑玄解释道："民所执持有常道，莫不好有美德之人。"苏轼有诗："谁知此植物，亦解秉天彝。""天彝"即天理、天常，苏轼吟咏松柏身上也能够呈现出自然的常理。

周代有司尊彝的官职，"掌六尊、六彝之位"，"六尊"是六种注酒器，分别是：牺尊，象尊，著尊，壶尊，太尊，山尊。牺尊是牛形的盛酒器，背上凿孔注酒，另一说是在尊的腹部刻画牛形；象尊是象形或凤凰形的盛酒器，另一说是用象牙或象骨装饰；著尊是殷商时期的尊，著地无足，即立在地上，没有尊足；壶尊是以壶为尊；太尊是用瓦制成的，太古的瓦尊；山尊是刻画山和云形的酒器。"辨六尊之名物，以待祭祀宾客。"

六彝是六种酒器，分别是：鸡彝、鸟彝、斝彝、黄彝、虎彝、蜼彝。鸡彝刻画有鸡形的图饰，鸟彝刻画有凤凰形的图饰。鸡彝和鸟彝正是"彝"的字形的来源。斝（jiǎ）彝刻画有禾稼形的图饰；黄彝又叫黄目尊，以黄铜制成，刻画有人目形的图饰；虎彝刻画有老虎形的图饰；蜼（wěi）是一种黄黑色、体型较大的长尾猴，蜼彝刻画有这种猴形的图饰。六彝的使用有着四季和不同祭礼的区别。祭祀时要用粗布、巾覆盖六尊，用有图饰的布、巾覆盖六彝。"辨六彝之名物，以待果将。""果"通"裸"，裸可不是裸体的"裸"，读作"guàn"，以酒灌地以请神叫作"裸"。"将"是送的意思。"果将"或"裸将"指帮助国君酌酒，以祭奠祖先或者宴饮诸侯。

今天人们的日常生活中早就没有了祭祀之礼，即使祭祖也一切从简，六彝之器彻底退出舞台，成为只活跃于古籍中的传说了。

女 车 犬 天 井 见 凤 父 北 兄
鸟 乐 外 册 发 圣 成 达 执 同
曲 尘 农 会 舌 血 庆 衣 守 汤
戏 异 尽 买 束 丽 豆 报 身 狂
龟 角 饮 弟 弃 君 鸡 雨 奔 取
直 虎 齿 兔 佩 质 京 实 学 参
春 相 星 保 食 侯 亲 首 壶 获
班 射 徒 乘 圉 造 旅 疾 桑 黄
得 庶 敝 渔 黑 遗 集 御 童 寒
雇 寓 奠 登 鼓 献 虞 寝 疑 彝

兄　北　父　凤　觅　井　天　犬　车　女
同　执　达　成　圣　发　册　外　乐　鸟
汤　守　衣　庆　血　舌　会　农　尘　曲
狂　身　报　豆　丽　束　买　尽　异　戏
取　奔　雨　鸡　君　弃　弟　饮　角　龟
参　学　实　京　质　佩　兔　齿　虎　直
获　壶　首　亲　侯　食　保　星　相　春
黄　桑　疾　旅　造　呙　乘　徒　射　班
寒　童　御　集　遗　黑　渔　敝　庶　得
彝　疑　寝　虞　献　鼓　登　奠　寓　扈